KB192827

유망
이색
직업

유망
이색
직업

발행	2020년 9월 30일
	2020년 9월 30일
지은이	21세기재테크연구소 편
발행인	권우현
발행처	도서출판 큰방
	서울 동대문구 신설동 114-89 삼우C 403호
	TEL : 02)928-6778
	FAX : 02)928-6771
E-mail	kwonkeonbang@hanmail.net
등록년월일	1989년 3월 7일
등록번호	제10-309호

ISBN 978-89-6040-166-2 13320

· 잘못된 책은 교환해 드립니다.
· 평역자와의 협약에 의해 검인 생략

직업을 선택하는 것은 인생을 선택하는 것

유망 이색직업 JOB

이색직업이란 우리들이 흔히 부르기 좋고 찾아다니는
화이트칼라 계통의 직업과는 다를지도 모른다. 약간 생소하게
들릴 것 같아 〈이색직업〉이라 붙였지만, 이 직업을 통해서
가족의 부양은 물론 성공하며 인생의 앞날을 걱정하지 않고
사는 사람들이 수없이 많다.

21세기재테크연구소 엮음

가족을 위해서
최선이 아닌 차선이라도 택하자.

뉴밀레니엄 시대를 맞아 희망과 번창 감회도 잠깐이고 멀쩡하게 일하다 하루 아침에 직장을 잃은 실직자들은 실직자대로, 사회에 발을 내딛기도 전에 실업자가 되어 버린 졸업자들은 그들대로 살 길을 찾느라 온통 난리다. 직장인 역시 언제 실직할지 모르는 어두운 그림자가 부담스럽게 쫓아다닌다. 이렇게 고용 불안이 커지고 있는 가운데 무엇인가 잡아 보려고 사람들은 우왕좌왕하고 있다. 몇 명 모집에 몇 천 명이 모여드는 참담한 현실 앞에서 어떤 특단의 대책이 필요하리라 생각된다. 그래서 생각해낸 것이 「이색 직업」이다.

이색 직업이란 우리들이 흔히 부르기 좋고 찾아 다니는 화이트컬러 계통의 직업과는 다를지도 모른다. 약간 생소하게 들릴 것 같아 「이색 직업」이라는 이름을 붙였지만, 이 직업을 통해서도 가족의 부양은 물론 성공하여 인생의 앞날을 걱정하지 않고 사는 사람들이 수없이 많다.

　직업을 선택하는 것은 어떤 의미에서 하나의 인생을 선택하는 것이다. 그런 의미에서 자신의 적성과 능력을 발휘할 수 있는 것을 택하는 것이 최선의 방법이다. 그러나 오늘날과 같은 실업 시대에서 때로는 차선을 택하는 것도 현명한 방법이다. 묘하게도 차선으로 택한 것이 오히려 최선일 수도 있는 것이 직업 전선이라고 생각한다.

　정리 해고, 인턴제가 실시됨에 따라 평생 직장의 시대는 막을 내렸다. 오늘날처럼 내일을 보장할 수 없는 시대에 신기루 같은 희망을 바라보고 허송 세월하기보다 당당하게 살 수 있으며 가족을 위해서도 보람 있는 일이 있다면, 그 일을 택하는 것이 최선이 아닌가 생각하여 여기에 이색 직업을 소개했다.

21세기재테크연구팀

유망 이색 직업

CONTENTS

머리말4

가구시험원

    가구시험원은 가구 생산기술 및 자재기술을 개발하기 위해서 가구자재의 성능, 구조 등을 시험·분석하며 목재 및 목질 복합재의 강도를 충격시험기로 시험하고 판제품의 물성시험을 한다. 경칩, 태커(Tacker), 접착제, 도료 등 자재의 특성을 시험한다. 완성된 가구를 육안으로 먼지, 녹, 때, 이물질, 찌그러짐 등이 있는지 틈새게이지, 에어실린더 등으로 조사한다. 불량이 발견되면 해당 담당자에게 통보하여 개선할 것을 요구한다. 기술관리를 위해 시험한 결과 및 신기술 정보를 기록한다. 자재 시장동향을 분석하여 가격, 품질, 수입처 등을 파악하고 신제품 개발 디자인이 결정되면 적합한 자재를 가구디자이너와 협의하여 결정하는 직무이며 가구제작기능사 자격이 필요하다.

가맹거래사

　가맹본부와 가맹점사업자를 대상으로 경영 및 법률 자문을
비롯하여 정보공개서와 가맹계약서 및 기타 특약 등 작성 및
수정, 그리고 분쟁조정의 신청을 대리하는 업무로서 가맹본부와
가맹점사업자를 대상으로 가맹사업의 사업성을 검토하고 자문
한다. 정보공개서(가맹본부의 사업현황, 임원경력, 가맹점사업
자의 부담, 영업활동의 조건, 가맹점사업자에 대한 교육 · 지도,
가맹계약의 해제 · 갱신, 기타 해당 가맹사업에 관하여 책자로
편철한 문서)와 가맹계약서 등을 작성하거나 수정하며 이에
대해 자문한다. 가맹사업자의 부담, 가맹사업 영업활동 조건
등에 대해 자문한다. 가맹사업당사자에 대해 교육과 훈련을
하며 이에 대해 자문한다. 가맹사업거래의 분쟁조정 신청을
대행한다. 정보공개서, 가맹계약서 및 기타 특약 등의 신청을
대행한다. 분쟁조정 과정에 동석하여 의견을 진술한다.
　프랜차이즈전문가, FE(Franchise Expert)라고도 부르며
가맹거래사 자격이 필요하다.

사이처

사이처는 컴퓨터 속의 가상공간을 뜻하는 사이버(Cyber)와 선생님 (Teacher)의 합성어로 인터넷 학습사이트에서 교육 프로그램과 메일 등을 통해 1:1로 회원들을 상담하고, 화상교육을 통해 학습을 도와주는 직업이다.

최근 인터넷이 보편화되고, 필요한 공부를 원하는 시간에 반복 할 수 있다는 이점으로 온라인 교육이 많이 이루어지고 있다. 컴퓨터를 잘 모르더라도 인터넷으로 쉽게 접근하여 어학이나 학위 취득 등 다양한 학습까지 자신이 필요로 하는 교육을 받을 수 있다.

온라인 학습사이트는 미취학 아동용, 초등 및 중등 학습용, 대입 수능용, 어학용, 직장인의 직무용, 사이버 대학용 등으로 구분할 수 있는데, 이러한 사이트들은 감시나 통제가 어려워 회원 스스로의 활용도는 떨어지는 경향이 있다. 따라서 일방적으로 전달하던 방식에서 벗어나 회원을 관리하고, 학습 동기를 부여 해주는 등의 쌍방향 교육을 하는 「사이처」가 생겨나게 되었다.

산업 잠수사

산업 잠수사란, 바다 속에서 산업적 가치가 있는 것들을 발견하고 개발하는 바다 사업가이다.

　이들은 영리를 주목적으로 잠수를 한다. 장비, 인원, 자재가 산업 잠수의 주요 3요소로 불린다. 여기서 장비는 표면 공급식 잠수 장비(Surface Supplied Diving System)를 의미하며, 이는 선상이나 육상의 기체 공급원(공기 또는 혼합 기체)으로부터 유연하고 견고한 생명호스를 통해 물속의 잠수사 헬멧에 기체를 지속적으로 공급해주는 방식을 말한다. 이 방식은 행동범위에는 제약을 받지만 무엇보다 장시간 물속에 머물 게 해주는 기체를 물 위에서 무제한 공급받을 수 있으며 물위와 물속의 잠수사 사이에 통화를 가능하게 해준다. 또 물위에서 잠수사의 수심을 정확하게 측정이 가능하다. 이 밖에도 잠수사의 모든 행동을 지휘 · 통제를 할 수 있다는 장점 때문에 오늘날까지 산업 잠수는 이 방식을 기본으로 하여 수중 작업을 수행한다.
　산업 잠수사들은 다양한 일을 한다. 해난 구조(침몰된 선체 인양 및 좌초된 선박의 이초), 수중 교각 설치, 선박 접안 시설,

기초 부두 및 방파제 축조, 화력 및 원자력 발전소 냉각시설, 유조선 터미널 시설, 항만 준설 등 이루 헤아릴 수 없이 많은 일을 하고 있다. 이런 일을 해내기 위해서는 수중 촬영, 수중 용접 및 절단, 수중 발파, 수중 토목, 유압 사용기술 등의 전문 지식이 반드시 필요하다.

산업 잠수는 무엇보다 적성에 맞아야하며 레저 잠수 교육을 받은 사람은 비교적 빠르게 산업 잠수에 적응할 수 있다. 성격이 활달하고 매사에 긍정적인 사고를 하며 특히 활동적인 성격을 가진 사람이 적합할 것이다.

산업 잠수사를 양성하는 곳은 부산에 소재한 (사)한국 산업 잠수 기술인 협회(단기과정)와 한국 폴리텍 대학 강릉캠퍼스 산업 잠수과(2년 과정)가 있다. 산업잠수 영역이 워낙 특수해 이곳에서 산업 잠수 교육을 정식으로 받는 것이 취업에 유리하다.

산업 잠수사들은 주로 수중 전문 건설업체, 해양 경찰 특공대, 소방 공무원 119구조대, 어장 정화 정비업체, 해난 구조업체, 정유회사, 원자력 발전소 등 물과 관련된 업체에서 일을 한다.

도시농업연구원

    도시농업연구원은 환경개선, 도시녹화, 사회원예를 위하여 보존화(保存花) 및 공기정화식물 연구, 옥상녹화, 도시가로화단, 건축물녹화계획, 실내농원, 원예프로그램 등을 연구 · 개발하는 직업이다.

    식물을 활용한 도시공간 개선연구를 하기 위해 다양한 녹화실험(실내, 옥상, 입면 등)을 한다. 모듈형 정원, 스크린정원과 부착형 화분 등 녹지공간을 꾸밀 수 있는 방법을 개발한다. 식물의 휘발성유기화합물(VOC) 제거에 의한 공기정화효과를 구명하기 위해 이산화탄소 농도 등을 측정하며, 새로운 화훼상품개발 및 산업화를 위한 보존화방법을 연구한다. 그린타운 조성을 위한 인공지반녹화기술 개발, 원예식물을 활용한 원예치료 및 생활원예연구를 한다. 베란다용 채소선발 및 친환경생산 매뉴얼 개발 보급, 옥상의 원예적 활용을 위한 텃밭조성 및 용기개발 연구 등 공동체 활성화를 위한 도시원예를 연구한다. 원예활동 프로그램 개발 및 활용 증진, IT기술을 결합한 생활원예기술을 개발한다. 그 외에 연구원(일반)이 수행하는 일반적인 업무를 수행한다.

부르 마스터

맥주가 만들어지기까지의 제조 공정을 관리하는
사람을 브루 마스터라 부른다.

2002년 2월 1일부터 개정된 주세법에는 업소에서 맥주를
만들어 판매할 수 있도록 법규가 완화되면서 하우스 맥주 전문
점들이 많이 생겨나고 있다. 기존의 대형 맥주 회사로부터 맥
주를 공급받아 운영하는 술집과 달리 하우스 맥주 전문점에서
는 맥주 제조에서 판매에 이르기까지 동일한 매장에서 이루어
진다.

맥주를 제조한다는 점에서 맥주 공장에서의 제조와 크게 다
르지 않다. 그러나 맥주 공장에서는 수행하는 일이 세분화되어
각각 다른 사람이 일하지만, 하우스 맥주 전문점에서는 브루
마스터가 모든 공정을 관리한다. 유통과정 중, 맛의 변질을 방
지하기 위해 필터로 효모를 걸러내고 열처리로 살균 하는 공장
의 맥주와는 달리, 하우스 맥주는 동일한 곳에서 제조와 판매
가 동시에 이루어지기 때문에 물리 · 화학처리가 필요 없다. 따
라서 맥주가 걸죽하며, 효모, 단백질, 비타민B, 미네랄 등이 그

대로 녹아 있어서 영양과 신선함이 살아있다.

맥주 마이스터, 양조 기술자, 맥주 양조사 등으로도 불리는 이들은 우리 입에 알맞은 맥주의 타입을 결정하고, 맥주의 주재료인 효모와 맥아, 홉 등을 감별하는 것부터 맥주가 나오기까지의 모든 맥주 제조 과정을 책임진다.

따라서 브루 마스터의 역량과 개성에 따라 맥주의 맛이 달라진다고 할 수 있다.

아트 컨설턴트

고풍스러우면서 세련된 병원, 아늑하고 우아한 호텔, 이러한 멋을 창
조하는 중심에는 미술품과 아트 컨설턴트가 있다.

아트 컨설팅은 미술 또는 예술을 의미하는 아트와 상담 및
조언을 의미하는 컨설팅이 접목된 분야로 한마디로 미술품을
고객에게 컨설팅하는 것을 말한다.

아트 컨설팅이라는 분야가 새롭게 떠오른 시기는 2000년
대이다. 고객의 다양한 욕구를 충족시키고 바쁘고 복잡한 사회
속에서 미술품에서 우러나오는 멋과 편안함을 추구하고자 하
는 사람들의 마음에서 이 직업이 나타났다.

외국의 경우는 훨씬 이전부터 아트 컨설턴트
가 활발히 활동하고 있고 미술품의 구매를 원하는
사람과 판매자를 연결하는 미술품 딜러, 미술품의
전시를 기획하는 큐레이터 등 미술 분야의 직업들
도 세분화되어있다.

아트 컨설턴트는 먼저 고객과의 상담을 통해
서 일을 시작하고 고객의 취향이나 분위기를 파악

하고 미술품이 설치될 장소를 직접 방문하여 전체적인 이미지에 맞는 미술품을 선정하며 적합한 미술품을 보유하고 있지 않은 경우 적합한 미술품을 소장하고 있는 사람을 물색하여 미술품을 임대하기도 한다.

미술품을 공간에 설치 또는 감독하는 것도 아트컨설턴트가 해야 하는 일이며, 각종 보수나 관리 등도 그들의 몫이다.

아트컨설턴트가 되는 길

아트컨설턴트가 되기 위해서는 회화, 조각 등 미술 분야에 대한 지식과 경영학적 마인드가 있어야 한다. 따라서 미술관련 학과를 전공하거나 경영학적 지식이 있으면 업무 수행에 많은 도움이 된다. 아름다운 미술품을 항상 곁에서 볼 수 있다는 장점이 있지만 컨설팅 할 고객을 확보하는 어려움도 있다. 고객이 찾아주는 경우도 있지만 항상 고객을 찾아다니는 영업 정신이 필요하다.

캘리그라퍼(Calligrapher)

멋스러운 손글씨를 쓰는 사람이 바로 캘리그라퍼(Calligrapher)이다. 제품이나 광고 등의 로고 또는 슬로건 등을 의뢰받으면 캘리그라퍼는 우선 글씨에 담길 뜻을 생각해보며 표현하고자 하는 콘셉트를 정한다.

21세기, 편리함을 추구하는 시대에 살면서 언제부턴가 편지 대신 이메일이, 레포트도 손으로 쓰는 대신 컴퓨터를 이용하는 것이 일반화 되었다. 그러나 최근 디지털시대에 익숙해진 컴퓨터상의 정형화된 글씨 대신 좀 더 자연스럽고 사람의 손길을 느낄 수 있어 보는 이로 하여금 편안하게 접할 수 있는 손글씨가 사람들에게 인기를 끌고 있다. 바로 캘리그라피(Calligraphy)라 불리는 손글씨이다. 캘리그라피는 붓을 사용하는 서예기법을 활용하여 단어 속에 포함된 의미를 글씨로 표현하여 아름답고 독특하게 글씨에 멋을 내는 것 또는 그 글씨를 의미한다. 넓은 의미로 서양의 펜글씨나 동양의 서예와 같은 모필 문자가 캘리그라피라 볼 수 있다.

메디컬일러스트레이터

　의학·의료용 그림이나 문양을 도안하고 제작하는 직업으로 의학논문, 학술대회 발표자료, 의학서적, 환자교육용 자료, 의학 강의용 자료 등의 목적에 따라 의뢰인(의사 및 의료전문가)과 일러스트레이션의 방향 및 주제에 대하여 논의한다. 표현할 대상과 목적에 부합하도록 구도, 공간, 표현방법 등을 구상한다. 각종 도안용 도구와 컴퓨터프로그램을 사용하여 스케치하고 색상을 넣어 견본을 제작한다. 견본을 토대로 의뢰인과 협의하여 완성품을 제작한다. 일러스트레이션 작업이 완성되면 의뢰인에게 검토 받은 후, 수정 및 보완한다. 의학논문용 이미지를 제작하는 경우, 연구주제를 시각적으로 적절히 표현한다. 환자 교육용 이미지를 제작하는 경우, 신체조직 및 치료방법에 대하여 환자가 거부감이 들지 않도록 순화하여 표현한다. 수술 사진, 그림, 현미경사진, 해부학 이미지 등을 기초로 작업하기도 한다. 의과대학의 해부학 실습에 참여하여 실습하거나 실습을 지원하기도 한다. 의학논문에 삽입되는 그래프나 다이어그램을 디자인하거나 의료용 카툰(한 컷 만화)을 제작하기도 한다.

토피어리디자이너
(Topiary Designer)

빽빽하게 지어진 빌딩과 건물들, 쭉 뻗은 도로와 수많은 차들로 삭막해진 현대 사회에서 푸른 식물과 나무 등 자연의 중요성은 점점 커지고 있다. 자연친화적 소재가 유행하고 있는 요즘, 수작업을 통해 식물을 활용하여 테디베어부터 공룡, 돌고래, 사람에 이르기까지 입체적인 형태로 다듬은 조형물이 시선을 끌고 있는데, 이러한 조형물을 토피어리(topiary)라 부른다.

유럽에서 정원수나 울타리 다듬기로 시작한 토피어리는 20세기에 들어서면서 실내 장식용으로 이용되기 시작했는데, 소형 토피어리가 유행하였던 일본을 거쳐 우리나라에 소개되어 토피어리는 오늘날 조경 및 장식의 한 분야로 정착되었다. 일본의 영향을 받아 초기에는 단순하고 아기자기한 소형 토피어리가 주로 제작되었으나 현재는 소형 뿐 아니라 대형 토피어리까지 조형되는 단계로 발전되었다.

이끼, 나무, 꽃 또는 식물 등 사용하는 재료에 따라 모스, 트리, 플라워, 플랜트 토피어리 등으로 구분되며, 우리나라에서는 대부분 이끼를 이용한 모스 토피어리(moss topiary)를 토피어리라고 칭하며 그 의미를 제한하여 사용하고 있다. 장식 효과뿐 아니라 습도 조절에도 탁월한 토피어리 조형물을 만들면서 토피어리를 취미 문화의 한 영역 그리고 예술 분야의 한 전문분야로 자리잡아가고 있다.

애견 트레이너

예전부터 개는 사람과 가장 가까운 동물 이다. 때로는 친구로, 때로는 사람이 하지 못하는 일을 도와주는 훌륭한 조력자로서 언제나 사람들과 가까이 있다. 주인을 살리기 위해 자기의 목숨까지 버린 충견에 대한 뉴스도 심심치 않게 접하고 있으며, 최근 핵가족화에 따라 애완견을 가족과 같이 여기는 사람들도 많아지고 있다.

그동안 개를 훈련시킨다고 하면 경비, 마약탐지, 맹인안내 등 특수한 목적으로 사용되는 개를 훈련시키는 것을 의미 했지만 최근에는 집에서 키우는 개들도 훈련시키는 경우가 많다. 이와 같이 개를 훈련시키는 사람이 바로 애견트레이너이다. '집에서 키우는 개를 특별히 교육시킬 필요가 있을까' 라고 생각할 수도 있겠지만 아파트나 공공주택에서 개를 키우는 사람들이 늘어나고, 공공장소에서도 개에 대한 규제가 강화되며 사람들에게 피해를 주지 않도록 기본적인 훈련을 시키는 경우가 많아지고 있다.

애견트레이너가 하는 일은 크게 집에서 키우는 애완용 개의 기본훈련과 특수목적을 훈련시키는 전문화된 훈련으로 나누어 볼 수 있다.

애견트레이너가 되는 길

애견트레이너는 개에 대한 체질, 건강, 영양, 운동방법 등 여러 가지 분야에 대한지식이 있어야 한다. 최근에는 전문대학을 중심으로 애견학과, 애견관리학과 등, 애견관련학과들이 개설되어서 체계적인 교육을 받을 수 있다. 하지만 꼭 대학을 나와야 하는 것은 아니다. 개인이 운영하는 훈련소에 들어가서 교육훈련을 받으면 애견트레이너가 될 수 있다. 훌륭한 애견트레이너가 되기 위해서는 무엇보다도 개에 대한 애정이 있어야 한다. 또한 말을 못하는 동물이므로 인내심이 필요하다. 트레이너가 쉽게 지치고 인내하지 못한다면 훈련의 성과는 떨어질 수밖에 없다.

호텔 컨시어지

최상의 서비스와 고객 만족이라는 모토로 고객에 대한 서비스를 우선시하는 곳이 바로 호텔이다. 최근 들어 호텔에서는 리셉션 데스크 외에 컨시어지 데스크를 따로 운영하면서 고객서비스를 강화시키고 있는 추세이다. 호텔 컨시어지는 바로 호텔로비 입구에 위치해 있는 컨시어지 데스크에서 근무하며 고객이 요구하는 모든 서비스를 제공하는 만능해결사로 활동하고 있다.

컨시어지(Concierge)는 프랑스에서 유래된 말로 중세시대 성을 지키며 초를 들고 성을 안내하는 사람인 「le comte des cierges(촛불관리자)」에서 유래되었으며, 현재는 고객을 맞이하며 객실서비스를 총괄하는 사람으로 그 의미가 확장되었다. 호텔업이 서비스업인 만큼 호텔 내에서 서비스를 제공하는 다양한 사람들이 있지만 이중에서도 컨시어지는 「서비스의 꽃」이라 불리며 진정한 서비스 정신을 실천하고 있다.

이들의 업무영역은 정확하게 정해져 있지 않다. 고객이 필요로 하는 정보를 제공하고 고객이 해결하고자 하는 일들을 법적, 도덕적 테두리 안에서 모두 해결해 주는 것이 주 업무이다. 고객의 짐들기에서부터 교통안내, 관광 및 쇼핑안내, 음식점 추천 및 예약 등의 정보를 제공하고 고객이 직접 구하기 어려운 티켓구매, 기념품구매 대행까지 고객이 어려움을 호소하는 모든 사항을 신속하게 해결하여 주는 등 개인비서의 역할도 마다하지 않고 고객을 만족시키는 일을 한다.

가정전문간호사

환자가 있는 가정에 방문하여 조사 및 심사를 통해 가정간호 계획을 수립하고 간호서비스를 제공하는 업무로서 다시말해, 환자의 건강상태와 정서상태, 가치관을 파악한다. 가족 및 주간 호자를 조사하고 사회경제적 요구도를 파악한다. 이를 토대로 간호목표를 수립한다. 간호진단을 도출하고 간호계획을 수립한 다. 환자의 특성과 요구에 맞춰 전문적인 간호 또는 주치의가 의뢰한 치료적 간호를 수행한다. 수행된 결과와 환자의 반응을 모니터링하고 간호목표의 달성정도를 평가한다. 환자, 간호제공 자, 교육과정생, 일반간호사, 지역사회 주민과 보건의료인을 대상으로 간호에 대해 교육한다. 간호사, 가정전문간호사의 자격이 필요로 하는 직업이다.

브랜드메이커

　　소비자의 기호에 맞추어 상품의 시장경쟁력을 높일 수 있는 상품명이나 회사명을 제작한다. 또한, 의뢰가 들어오면 조건에 맞게 금액을 책정하고 작업팀을 구성한다. 상품의 특성 등을 파악 · 분석하기 위하여 의뢰회사의 마케팅전략, 광고전략, 경쟁사에 대한 전략 등에 대한 브리핑을 받는다. 폭넓게 관련 자료를 취합하기 위하여 시장조사를 한다. 상품의 종류와 성격에 따라 작명할 언어를 결정하고 발상을 하여 작명한다. 브랜드의 속성, 다른 상표와의 차별성, 상표전략과의 적합성, 기업로고 디자인의 적합성 등을 종합적으로 고려하여 최종적으로 작명을 선정한다. 변리사를 통하여 특허청에 상표등록을 하는 업무를 담당하기도 한다.

빌딩정보모델링(BIM)코디네이터

　BIM프로젝트에서 체계적이고 기술적인 수준의 BIM 특정구성을 조정하고 건설의 다양한 공정과 공종의 책임자들과 함께 협업하여 최적인 대안과 기술방법을 제안한다. 프로젝트 추진에 앞서 BIM도입의 타당성과 적절성을 분석한다. BIM도입에 따른 BIM소프트웨어 선정과 인력 투입시기를 계획한다. 별도의 개발기술과 응용기술 파트에 대한 부분도 계획한다. BIM소프트웨어 간의 호환성이나 소통형식에 대한 부분을 체계적으로 매뉴얼하고, 작업자의 협업과 소통에 대한 내부관리시스템을 계획한다. 현장내부 및 외부 BIM실무자의 기술인력수요를 확인하고 투입시기 등을 적절히 판단한다. 별도의 기술제안에 따른 문제와 매뉴얼을 확인하고 관리한다. 다양한 건설 관련 공정 및 공종에 참여하는 BIM엔지니어들의 업무를 관리한다. 공정 및 공종 간의 충돌과 간섭을 파악하고, 최적의 기술적 대안과 방향을 제시하여 원활한 설계와 현장업무가 진행되도록 한다.

재무 위험 관리자

금융 기관이나 기업의 각종 금융 위험을 예측하고, 위험도를 측정하여
이런 위험이 발생되지 않도록 적절하게 대책과 방법을 찾는 일을 한다.

각 회사의 위험을 체계적으로 통합하여 관리한다. 금융시장
에서 말하는 위험은 금리, 환율, 주가, 옵션, 선물시장이 변동
하여 발생되는 리스크(Risk, 위험)을 의미한다. 또한 채권시장
에서의 이자율이 변동하는 것도 이에 해당된다. 이러한 위험을
사전에 철저히 검토하고 통계적, 수학적 수치로 위험을 측정한
다. 앞으로 닥칠 수도 있는 위험을 사전에 대비해 그 대책을 찾
아 놓는 것이다. 이러한 정보를 자산을 운용하는 딜러에게 미
리 알려 손실을 최소화 할 수 있도록 해준다.

금융상품은 수익을 발생시키는 것을 목적으로 만들어지는
데, 그러나 수익만큼이나 중요한 것이 위험을 사전에 관리하는
것이다. 이와 같은 위험을 관리하는 사람을 재무위험 관리자라
고 한다. 금융회사에서는 리서치센타(팀), 기획부서 리스크관리
자, 파생 상품팀, 채권 금융팀에서 리스크 전담 관리자로 일하
는 경우가 많다.

곤충연구원

국내의 자생 유용곤충자원을 수집·탐색한다. 곤충의 분류 체계를 확립한다. 곤충인공사료의 개발 및 실용화, 곤충자원의 확보, 계대(繼代:계통적으로 세대를 이어나가는 것) 사육법 확립 및 곤충자원 관리시스템 정립 등 곤충보존에 관한 연구를 한다. 유용곤충의 병해충 및 미생물 이용에 관한 기술개발을 한다. 곤충을 이용한 자연생태계 보전 및 환경평가를 한다. 유용곤충의 유전정보를 해석하고 이용기술을 개발한다. 곤충 및 관련 산물로부터의 신기능성 물질을 개발하기 위한 연구를 한다.

곤충농업의 소재발굴로 새로운 농업작목을 구축하기 위한 연구를 한다. 곤충단백질의 바이오소재 개발 및 곤충산물의 신소재 개발을 위한 소재응용연구를 한다. 그 외에 연구원(일반)이 수행하는 일반적인 업무를 수행한다. 관련하여 곤충을 연구하는 전문분야에 따라 곤충자원연구원, 곤충이용연구원, 잠업기술개발 및 잠종 생산·보급 양봉과 관련된 벌에 대한 품종개량 등에 대한 연구를 하는 경우 잠사양봉연구원도 있다 하겠다.

의료 관광 코디네이터

의료 관광 코디네이터는 국내 병원에서 진료, 치료를 받고자 하는 외국인 환자에게 유능한 의료진을 연결 시켜주는 일을 담당한다.

구체적으로 이들은 외국인 환자들의 접수부터 진료시 통역, 진료 후 처방에 따른 약 처방전 설명이나 치료 과정을 설명해 준다. 또한 수술이 필요한 경우, 입원 수속부터 수술시 진행 사항 설명, 퇴원 수속, 퇴원 후 상태 관리 등을 관리해 준다. 경우에 따라서는 환자 공항 영접이나 픽업 서비스, 관광 등을 대행업체를 통해 예약하는 것도 이들의 몫이다.

다양한 외국인을 상대하기 때문에 다문화를 이해하는 마음이 선행되어야 한다. 그리고 외국인 환자에 대한 서비스 마인드도 중요하다.

의료 관광 코디네이터가 되기 위해서는 외국어 능력은 필수적이다. 영어 뿐 만 아니라 일본어, 중국어 등 다양한 언어 실력을 갖추고 있으면 유리하다. 또한 의료용어에 대한 이해가 요구되는 특성상, 간호사나 병원에서 근무한 경력이 있으면 많은 도움이 된다.

정부 차원에서의 적극적인 지원이 이루어지고 있고, 또한 의료 시장이 확대되고 개방됨에 따라 의료 관광 코디네이터에 대한 고용은 밝은 편이다. 특히 국내의 의료진들의 실력, 의료 서비스, 의료 시설, 저렴한 의료비 등은 다른 나라들과 견주어 경쟁력이 있기 때문에 국내 병원을 찾는 외국 환자의 수도 꾸준히 증가하는 추세이다.

점역사

우리가 읽는 일반 도서들은 시각 장애인들에게 책의 역할을 하지 못한다. 따라서 시각장애인들이 읽을 수 있도록 도움을 줄 수 있는 방법으로 각종 도서를 점자로 고친 「점자 도서」와 내용을 녹음하여 들려주는 「녹음 도서」가 있다. 일반 도서를 점자 도서로 바꾸는 것을 점역이라 하는데, 이렇게 말이나 글을 손가락으로 읽을 수 있도록 점자로 바꾸는 일을 하는 사람들이 바로 점역사이다.

점자의 등장은 약 200여 년 전으로 거슬러 올라가는데, 연구와 발전을 거듭하여 6개의 점의 위치에 따라 고유 번호를 붙이고, 이 점들을 조합하여 글, 그림, 수식, 외래어 등을 표현하는 6점형 점자가 보편화 되었다.

예전에는 점자판과 점자타자기를 사용하여 바로 점자로 옮기는 작업을 했으나, 오늘날에는 컴퓨터 프로그램을 활용하여 점자로 바꾼다. 먼저 점역할 대상의 특징에 따른 점역 전환 프로그램을 선정하고, 일반도서의 글을 그대로 컴퓨터에 한글로 입력하거나 스캐너를 사용하여 입력한 후 점자 프로그램에서 점자로 바꾸어 준다.

점역을 마치면 반드시 「교정사」의 교정을 거치게 되는데요, 시각장애인인 교정사가 점역된 내용을 점자프린터로 뽑거나 시각장애인용 점자 입출력기를 사용하여 일반도서와 대조하고, 오타나 맞춤법을 교정하는 일을 한다. 교정 후에 제본 과정을 거쳐 드디어 점역 도서가 만들어 진다.

기능성 식품 연구원

기능성 식품 분야에서 요구되는 원천 핵심기술 및 활용기술을 개발하여 기능성 소재 개발, 효능평가, 검증기술 개발 및 소재화, 제품화 기술 등을 연구한다.

이들은 우리가 흔히 보는 숙취 해소용 음료, 간기능 개선용 제품, 체중 조절용 식품 소재, 고지혈 조절용 식품 소재 등 다양한 기능성 식품을 연구, 개발한다. 또한 비만, 당뇨, 고지혈, 고혈압, 동맥경화, 면역조절, 알레르기, 아토피 등을 예방하고 개선하기 위한 식품 소재를 개발하기도 한다.

기능성 식품 연구원이 되는 길

기능성식품 연구원은 식품영양학, 식품공학, 농학, 축산학, 수의학, 생물학 등 다양한 전공과 관련이 되지만, 특히 식품학 전공자를 선호하는 편입니다. 기능성 식품 연구원이 되기 위해서는 식품학과 관련된 기초학문과 연관 학문을 폭넓게 이해하고 있어야 합니다. 더불어 최신기법을 습득하고, 외국어(영어, 일어, 중국어, 불어 등) 소통능력, 각종 성분관련 데이터 분석을 위한 통계적 지식을 알고 있으면 많은 도움이 됩니다. 더불어 생리학, 생화학, 약리학에 대해 공부를 해 놓으면 유리하다.

일반적으로 대학원에 진학하여 보다 전문적인 지식을 습득한 뒤, 취업하는 경우가 많습니다. 가능하면 학생시절 다양한 연구에 참여하여 관련 논문을 저널에 제출 하는 등 연구 경력을 쌓는 것이 필요하며, 연구보조원으로 일하거나 일부 정부출연연구소에서 시행하고 있는 현장연수프로그램에 참여하면 관련 기관에 입직할 때 도움을 받을 수 있다.

두피 모발 관리사

두피모발관리사는 탈모 증세뿐 아니라 비듬, 가려움증과 같은 두 피질환, 모발손상 등에 대하여 상담하고, 더 이상 증세가 악화되지 않도록 모발을 관리해 주는 업무를 한다. 외국의 경우 이미 두피 모발 관리의 사회적 인식이 정착되어 정기적으로 두피 모발 관리를 받는 사람들이 많이 있고, 트리콜로지스트(Trichologist)라 불리는 두피 모발 전문가들이 전문적으로 활동하며 모발 관리를 하고 있다.

우리나라의 경우 전문적으로 두피 모발 관리 영역이 도입되고 발전된 것은 불과 몇 년밖에 되지 않았다. 그 전에는 헤어샵이나 피부 관리실에서 일부분으로 관리되어져 왔다.

두피 모발의 상태는 두피 모발 관리사가 고객과의 상담을 통해 이러한 사항을 점검하게 된다. 그 후 두피 모발 상태를 컴퓨터 및 측정기계를 이용하여 정확하게 측정하고 분석한 후 고객에게 원인과 상태에 대하여 설명하고 상태에 따른 적합한 관리 프로그램 계획을 세운다. 고객 본인의 관리도 증세 개선에 매우 중요하므로 고객에게 스스로 관리하는 법을 지도하고 심리 상담 및 헤어에 관한 여러 상담을 한다. 이 외에도 두피모발 관리를 위한 제품을 연구하기도 한다.

레이싱 미캐닉

숨가쁘게 달리는 자동차 경주에서 순간 멈춰버린 자동차의 타이어를 교환하고 자동차의 이곳저곳을 정비하는 사람들을 본 적이 있죠? 이들이 바로 경주 차량의 정비 전문가인 레이싱 미캐닉(racing mechanic)이다.

이들은 레이스(자동차 경주 도로)에서 자동차가 안전하게 잘 달릴 수 있도록 차량을 정비하는 일을 하는 사람으로 미캐닉으로 많이 불린다. 보통 자동차 경주 선수와 경주차를 유도하고 통제하는 오피셜 등과 함께 팀을 이루어 활동한다.

레이싱 미캐닉의 구체적인 업무는 자동차 경주 전에는 경기에 나갈 자동차를 정비하여 경기에 가장 좋은 상태로 나갈 수 있게 만들어 놓는 일을 한다. 시합 전에 차에 이상이 없는지 살펴보고 시범 운전을 하는 일을 수없이 반복하기도 한다. 또 엔지니어와 함께 자동차 부품을 장착하는 등 경주용 자동차를 제작하는 일도 한다. 경주가 시작되면 피트인(pit-in)이라고 하는 정비 구역에 경주차가 들어왔을 때 신속하게 수리, 조정 등을 하고 부품에 이상이 생겼을 때 교체하는 일을 한다. 장거리 경기에서 타이어 교환과 연료 보급을 하는 것도 미캐닉의 중요한 임무이다. 특히 경주를 할 때는 미캐닉의 정비 시간도 주행 시간에 포함되기 때문에 신속하게 경주 차량을 고칠 수 있는 기술이 있어야 한다.

　자동차 경주는 스피드를 즐기는 스포츠이기 때문에 항상 사고 위험에 노출되어 있다. 이 때문에 미캐닉은 자동차 경주 선수의 안전을 함께 책임진다는 마음으로 일한다. 또 어떠한 상황에서도 차량에서 비롯된 사고를 방지하기 위해 고도의 집중력과 기술력으로 차량을 다루어야 한다.

예술 제본가

예술제본가는 일종의 「책 문화 지킴이」라고 할 수 있다.

보관할 가치가 있는 책을 보수, 복원해 견고하고 아름답게 만드는 일을 하기 때문이다. 이들은 단순히 책의 표지만 예쁘게 만드는 게 아니라 책이 오랜 시간 보존될 수 있도록 돕는다. 책에 아름다움과 생명을 동시에 심어주는 일이라고 할 수 있다.

예술 제본은 보통 주문 제작으로 이루어진다. 주문 제작에는 출판사에서 특별히 주문하는 제본, 성경제본(성경·필사본), 개인 저작물 제본 등이 있다. 종류에 따라선 사진, 일러스트, 판화작품 등을 견고한 포트폴리오로 만드는 일도 있고, 기념일이나 특별한 날을 위해 적은 숫자의 제본을 요청하는 사람들도 있다.

예술 제본가는 박물관에서 전시될 만큼 오래된 옛날 책을 복원하는 일도하며 후학들을 양성하기 위해 다양한 교육 활동에도 참여한다.

국제 축구 심판

축구심판은 소지하고 있는 자격에 따라 초등부, 중등부, 고등부, 실업, 프로 등의 축구경기에 주심 또는 부심으로 활동한다. 경력을 쌓은 후 최후에 취득할 수 있는 자격이 바로 국제심판 자격이다.

국제심판 자격을 취득하면 AFC(아시아축구연맹)에서 활동할 수 있는 자격이 주어지며 각종 A매치와 AFC챔피언스리그, AFC청소년 축구 대회 같은 경기에서 경험을 쌓으며 활동 한다. 더 나아가 FIFA(국제 축구 연맹)에서 주관하는 월드컵, 컨페더레이션스컵, 세계 청소년 축구 대회 등이 개최되면 심판으로 추천받은 후 체력 테스트를 통과하면 세계적인 심판으로 활약할 수 있게 된다.

국제 심판은 국제 대회 뿐 아니라 국내 프로경기, FA컵 등 국내 모든 축구 대회의 심판으로도 활동한다. 평상시에는 국내 경기 심판 배정표에 정해진 일정대로 경기를 치르면서 활동하며, 국제 대회를 주최하는 단체에서 국제 경기 심판으로 선정되면 일정에 맞추어 경기가 열리는 국가에 가서 심판으로 대회에 참여하게 된다. 짧게는 하루, 길게는 한 달 정도 열리는 대회에 참여하며, 월드컵 등과 같은 큰 대회인 경우에는 심판으로 추천받았다 하더라도 체력테스트를 거친 후 최종 선발된다.

국제 경기에 참여해서는 심판 회의를 통해 규정을 다시 확인하고, 경기가 이루어질 경기장을 돌아보며 국제 규격에 적합한지 확인한다. 일정이 긴 경우에는 매일 체력 훈련을 하고, 정확한 판정을 위한 상황 훈련도 받는다. 각 나라 또는 선수들의 경기 성향을 파악하고 경기에 참여하며 엄격하게 규칙을 적용시켜 경기를 이끈다. 경기가 끝난 후에는 녹화된 경기를 보며 분석 및 토론을 하고 일정을 마친다.

풍선 아티스트

돌잔치, 생일파티, 프로포즈, 웨딩 등의 각종 이벤트를 할 때 행사장에서 제일 먼저 눈이 띄는 것이 바로 꽃이나 동물모양, 돌기둥 등 화려한 색의 풍선으로 만든 장식품이다.

아이들은 물론 어른들의 눈길을 확 잡아끄는 매력으로 요즘 다양한 행사에 빠지지 않고 풍선장식이 이용되고 있다. 일반적으로 쉽게 볼 수 있는 푸들강아지부터 오리, 사자 등의 동물, 꽃, 인형, 모빌, 기둥, 아치 등의 모형과 무대장식, 구조물 장식 등 풍선으로 창작할 수 있는 조형물이나 장식물은 무한하다.

이런 창작 활동을 풍선아트라 하며 풍선공예, 풍선장식 등으로 불리기도 한다. 일상에서 흔히 볼 수 있는 여러 가지 풍선을 가지고 아이디어를 구상해 다양한 창조물을 만들어내는 사람이 바로 풍선 아티스트이다. 이들이 사용하는 풍선에는 요술풍선이라 불리는 기다란 막대풍선과 원형풍선, 하트나 도넛 등의 모양으로 생긴 모양풍선, 마이크로 호일로 만들어진 호일풍선 등이 있다.

놀이 치료사

놀이 치료사는 사회적·정서적 적응 문제로 성장 발달과 학습에 어려움을 겪는 아동과 청소년들을 놀이를 통해 진단하고 치료하는 전문가이다. 한국 놀이 치료학회에서는 놀이 치료사 자격증을 수여한다.

한국 놀이 치료학회에서는 놀이 치료 관련 학문 분야 석사 학위 취득자로서 10개 전공 과목을 이수하고 자격 시험에 합격한 후 임상 수련, 슈퍼비전, 사례 발표 및 구술 시험 등 놀이 치료사 자격 조건을 구비한 사람들에게 자격증을 수여한다.

그 밖에 놀이 치료 전문가와 교육 전문가가 있다.

놀이 치료 전문가는 놀이 치료사 자격증을 취득한 후 소정의 시험과 수련 등의 조건을 충족한 후 취득할 수 있으며, 놀이 치료 교육 전문가는 놀이 치료 관련 분야에서 교수를 하는 분들이 취득할 수 있다.

자격구분
놀이 치료 수련자/놀이 치료사/놀이 치료 전문가/놀이 치료 교육 전문가

국제협상전문가

 국제 협상 전문가란 글로벌 시대에 맞게 협상
에 대한 문제를 해결하는 사람을 말한다.

외환 위기 이후 제일은행 매각을 비롯해 굵직한 매각 협상
이 진행되면서 우리는 협상의 중요성을 뼈저리게 경험했다. 협
상력의 부재로 인해 치르는 대가가 엄청나기 때문에 협상 전문
가에 대한 필요성이 점차 높아지고 있다. 특히 글로벌 시대를
맞아 앞으로 각 국가 간에 이권을 놓고 생겨나는 불협화음은
더욱 잦아질 것으로 보인다. 이러한 분쟁 속에서 자국, 자사에
유리한 협상을 이끌어 낼 국제 협상 전문가의 중요성은 더욱
높아질 것이라고 전망된다.

다이어트 프로그래머

다이어트 프로그래머는 체계적으로 다이어트 플랜을 마련하고 관리해 주는 일을 하며 흔히 체형 관리사로 불린다.

다이어트 프로그래머는 비만 정도를 측정하고 운동 요법·식이 요법 등을 활용해 고객의 체중을 조절해 준다.

부분 비만이나 오형 다리를 위해 맛사지를 비롯해 복부 비만·큰 얼굴 관리·피부 관리·자세 교정도 실시한다. 식품 영양학·체육학 등을 전공한 사람이 많으며 현재 국내에서 다이어트 프로그래머로 활동하고 있는 사람은 5,000명 정도다.

컬러리스트

컬러리스트는 색채를 전문적으로 다루는 색채 전문가로, color coordinator라고도 부른다.

기업, 전문 조직 및 개인적 차원에서 색채 관련 상품 기획, 소비자 조사, 색채 규정 검토 및 적용, 색채 디자인, 색채 관리 등 색채 관련 지식과 기술을 습득하여, 색채 조사 및 분석, 색채 기획, 색채 디자인, 색채 관리와 같은 색채 업무를 수행한다. 그러나 단지 의류를 중심으로 한 패션업계에 국한된 직업이 아니라, 다양한 패션 상품을 취급하는 회사, 광고 회사, 인터넷, 화장품 같은 특정 상품의 컬러를 중요시하는 회사나 이미지를 컬러로 작업화하는 곳에서 필수적으로 활용할 수 있는 전문가의 역할을 수행한다. 최근 자격증 제도가 도입됐을 정도로 수요가 늘고 있다.

교육농장운영자

　　농업과 농촌의 자원을 활용하여 학생들과 일반들에게 학습
과 쉼을 제공하기 위하여 교육농장을 설계하고 각종 교육프로
그램을 기획, 개발 및 운영하는 직업으로 농업·농촌의 자원을
활용하여 농촌교육 농장을 설계하고 구성한다. 교육 대상 및
교육 소재 등을 토대로 프로그램을 기획하고 개발한다. 농촌
교육 농장 및 프로그램에 대해 홍보한다. 학교 등 참여기관
담당자와 학습 일정과 내용 등을 논의한다. 교육농장 프로
그램을 위한 교구 및 교재를 개발한다. 프로그램에 맞춰 강의,
체험활동 등 프로그램을 안전하게 운영한다. 교육농장 시설
등을 점검하고 관리한다. 교육대상의 반응 등을 고려하여 교육
프로그램을 평가하고 필요시 수정하는 역할을 한다. 다른 말로
농촌교육농장플래너라고도 부른다.

실버 시터

노인들의 도우미 역할을 한다.

    최근 노령 인구의 증가와 함께 맞벌이 부부가 급속히 늘어나면서 마음은 충분하지만 시간이 부족한 「현대판 효자」들의 마음을 대신해 정성껏 부모를 돌봄으로써 서로에게 만족스런 관계를 만들어 주는 일이다. 실버 시터는 이야기 상대 되어 주기, 가벼운 집안 일 돕기, 잔심부름과 쇼핑 대행 , 사우나·병원 동행 등 주로 가벼운 일을 담당한다. 물론 모든 역할은 비 의료 서비스에 속한다.

    2019 년이면 65세 이상 인구가 전체 인구의 14%를 넘는 본격적인 고령 사회가 시작되고, 2026년이면 초고령 사회(인구의 20% 이상)로 들어갈 것으로 보여 실버 시터 수요가 급증할 것으로 전망된다.

폐업 컨설턴트

폐업 컨설턴트는 문을 닫은 가게나 점포의 자산을 미리 적절하게 매각하여 손실을 최대한으로 줄이는 일을 돕는다.

폐업 후 자산을 부채 정리로 모두 날려 알거지가 되는 것을 미연에 방지하기 위함이다. 폐업 컨설턴트의 업무는 여기서 그치지 않고 새로운 아이템으로의 창업도 알선해 주고 있다.

폐업 컨설턴트가 되기 위해서는 먼저 경제의 흐름을 읽을 줄 알아야 한다. 그리고 폐업 및 창업 시장을 분석할 수 있는 눈을 가지고 있어야 하며 회계, 법률에 관한 전문적인 지식 또한 필요하다. 이를 위해서는 각종 공공기관에서 시행하는 창업, 법률에 관한 교육 과정에 참가하는 것도 하나의 방법이다.

폐업 컨설턴트도 전국적으로 500여 명이 활동 중이다. 이 중에는 회계사 등 전문 자격증 소지자들도 있다.

커리어 코치

평생 직장의 시대가 가고 평생 직업의 시대로 넘어오면서 경력 관리나 경력개발이 중요시 되면서 구체적으로 어떻게 계획하고 실천해야하며 어떠한 경로를 거쳐야 하는지를 함께 고민해 주게 된 사람이 바로 커리어코치이다.

커리어코치도 미래의 인기 직종이다. 대부분의 직장인들은 진로, 경력 개발에 관한 고민을 갖고 있다. 평생 직장에서 평생 직업으로 변화되고 있기 때문에 커리어 코치는 「그 사람이 원하는 성공이 뭔지, 그것을 실현하기 위해서는 어떤 계획이 필요하며, 어떤 경로를 거쳐야 하는지」에 대해 자세하게 계획을 세워준다. 취업난이 가중되고 이 · 전직 문화가 활성화되면서 앞으로 커리어 코치에 대한 수요는 더욱 늘어날 것으로 보인다.

그래피티아티스트

거리의 벽 등 세상의 다양한 공간을 캔버스 삼아 스프레이 등을 활용해 벽에 그림을 그리는 직업으로 벽화 작업의 경우, 그림구상하기, 스케치하기, 채색하기, 아웃라인 그리기, 하이라이트 표현하기, 마무리하기 등의 순서로 진행한다. 공공장소에 적합한 그림을 그려 꾸미는 공공벽화 작업, 전시회를 위한 작가의 개인 작업, 상업시설에 그래피티를 접목한 인테리어 작업 등을 한다. 각종 페스티벌의 특성에 맞춰 관객들에게 직접 그림 그리는 모습을 보여주는 라이브 페인팅 등 방송, 행사, 공연의 퍼포먼스 작업을 하기도 한다. 창작 및 예술관련 서비스업이라고 할 수 있다.

옥셔너

개인 간에 물건을 사고 파는 인터넷 장터 「옥션」에서 생계를 유지하는 사람들이 늘어나고 있다. 생활비를 벌기 때문에 「옥셔너」로 불린다. 약 2만 명에 이르는 옥셔너들은 인터넷 환경이 가져다 준 신종 직종이다.

Auctioner 신종직업 「옥셔너」가 뜬다.

김미영(28) 씨는 손재주가 좋다. 취미로 만든 가방을 주위 사람들에게 선물하고는 "돈 주고도 사겠다"는 칭찬을 많이 들었다. 김 씨는 내친 김에 가방 몇 개를 「인터넷 장터」에 내놨다. 입소문이 퍼지면서 주문이 쏟아져 들어왔다. 가방 만들 시간이 부족해지자 그는 올해 초 직장인 유치원을 그만 뒀다. 하지만 한 달에 가방 200~300개를 팔아 300만 원가량을 번다. 그는 "즐기며 버는 맛이 쏠쏠하다"고 말했다. 개인 간에 물건을 사고 파는 인터넷 장터 「옥션」(www.auction.co.kr)에서 생계를 유지하는 사람들이 늘어나고 있다. 옥션에서 생활비를 벌기 때문에 「옥셔너」로 불린다. 약 2만 명에 이르는 옥셔너들은 인터넷 환경이 가져다 준 신종 직종인 셈이다.

옥셔너의 세상

시계 라디오 등 기계류 골동품에 관심이 많은 신중호(54) 씨는 틈만 나면 서울 중구 황학동 벼룩시장 등을 다니면서 골동품을 사 모았다. 빚 보증을 잘못 서 사업(자동차 정비업)을 접은 신 씨는 작년 2월 아들의 권유로 옥션에서 수집품을 팔면서 웃음을 되찾았다. 그는 지금도 한 달 평균 1000만 원어치 정도의 수집품을 판다고 한다.

월간지 기자 출신인 정혜원(30) 씨는 퇴직하기 1년 전부터 옥셔너가 되기 위한 준비를 착실히 해 왔다. 틈틈이 학원에서 리본 공예를 배운 정 씨는 지난해 6월부터 옥션에서 액세서리를 만들어 팔고 있다. 월 매출은 500만 원 가량. 그 중 순수익은 150만 원 정도다. 정 씨는 "1주일에 24시간 정도 일해 버는 것 치고는 많은 액수"라며 "내 이름을 단 쇼핑몰 사이트를 만들어 사업 규모를 넓힐 계획"이라고 말했다.

왜 옥션인가

옥션은 1998년 「에스크로(Escrow)」 거래 방식을 도입하면서 개인 간 거래를 활성화시켰다. 에스크로는 물품 구입비를 제3자가 받아 두었다가 물품 전달이 확인되면 그 돈을 판매한 사람에게 전해 주는 서비스를 말한다. 이 서비스가 도입된 이후 '옥션에서 돈 떼이는 일은 없다'는 평판을 얻게 됐다.

인터넷 거래가 활성화되면서 옥션은 설립 7년 만에 하루 130만 명이 30억 원을 거래하는 인터넷 쇼핑 1위 업체(시장점유율 16%)로 성장했다. 옥션은 옥셔너를 지망하는 사람들을 위해 웹에디터, 포토샵 등 「인터넷 상점」을 내는 데 필요한 강좌를 열고 있다. 지금까지 이 교육에 참가한 사람은 약 9만 명. 이중 15%가량이 옥셔너로 활동하고 있는 것으로 알려졌다.

옥셔너, 쉽지 않은 길

그러나 아무나 옥셔너가 되는 것은 아니다.

액세서리를 파는 정 씨는 "5000원 들여서 만든 머리핀을 1000원에 파는 밑지는 장사를 수도 없이 했다"고 털어 놨다.

정 씨는 1000원짜리 머리핀 하나라도 구입한 고객에게는 정성을 들여 '고맙다'는 편지를 썼다. 쓰레기 편지(스팸 메일)는 보내지 않았다. 액세서리 등 관련 패션 정보는 수시로 업데이트를 해 고객에게 보냈다. 이렇게 1년을 보내면서 단골이 생겼고, 제 값을 받기 시작했다.옥셔너끼리의 경쟁도 치열하다. 기업형 판매자들은 신제품을 주로 파는 반면 옥셔너는 재고 중 고품 시장에서 뒤섞여 경쟁한다.

옥션 배동철 이사는 "거래될 때마다 인터넷 장터에 내는 수수료(판매액의 2~10%)도 만만치 않다"며 "옥션 등은 고객을 유인하는 창구로 활용하고, 자신만의 쇼핑몰이나 점포로 옮겨가는 모델이 바람직하다"고 충고했다.

■ 「옥셔너」 되기 10계명 1. 팔 물건은 가까운 곳에서 찾아라. 2. 재래시장에 자주 가고 분위기를 익혀라. 3. 신문, 광고, TV 드라마를 열심히 봐라. 4. 투자에 비해 소득이 큰지 계산하라. 5. 상품 설명은 상세히 하되 과장하지 말라. 6. 재고는 손해를 보더라도 팔아라. 7. 차별화된 서비스와 이벤트로 자신을 알려라. 8. 전화건 e메일이건 질문은 즉시 답변하라. 9. 「옥셔너 강좌」를 듣고 시행 착오를 줄여라. 10. 매출이 커지면 사업자 등록을 하라.

[출처 : 동아일보]

국제회의 전문가

국제회의는 국가 간의 이해를 조정하고 상호 정보 및 자료의 교류를 도모하며, 우호를 증진하기 위하여 마련되는 대화의 장으로 회의의 주제, 진행방법, 참가인원 등에 따라 다양한 형태를 갖는다. 국제회의 개념은 사용하는 기준에 따라 다양하게 정의되고 있으나, 정보화·국제화라는 시대적 요구에 따라 "사람과 문화, 상품과 정보를 총체적으로 교류하는 기회"로 인식되고 있다.

컨벤션 센터, PCO, PEO, 호텔 컨벤션 서비스 부서, 정부 기관(한국관광공사 등), 국가 컨벤션 뷰로(코리아 컨벤션 뷰로), 국제 사무처, 지역 컨벤션 뷰로(서울, 부산, 대구 등), 각 기업 및 협회와 학회, 기타 이벤트 단체 등에서 국제회의 관련 업무가 다루어지고 있으며, 이러한 기관에 진출한 국제회의 전문가는 다양한 활동영역을 가지고 전문 직업으로 급부상하고 있다. 현재 우리나라의 국제회의 산업은 시설과 개최건수에 비하여 전문 인력이 크게 부족한 상태이다.

진출분야

회의 / 전시/ 이벤트

국제회의기획업(PCO) · 전시기획업(PEO) · 박람회(EXPO)기획사 · 축제기획사 · 공연기획사 · 이벤트기획업

협회 / 학회 / 단체

정부회의기획사 · 협회회의기획사 · 기업회의기획사 · 학술회의기획사 · 독립회의기획사

관광 / 통역

호텔컨벤션기획사 · 관광기획업 · 전문통역사 · 전문가이드

컨벤션센터 / 조직위

조직위원회 · 사무국 · 분과위원회 · 정부기관 · 컨벤션센터 · 컨벤션뷰로(CVB)

국제회의 전문가가 되기 위해서는 4년제 대학 이상의 학력이 요구된다. 물론 전문대학을 졸업해도 국제회의 분야에서 일할 수 있지만 지금 실제적으로 국제회의분야에서 일하시는 분들은 거의 대부분이 4년제 대학 졸업자이다.

영어 또는 일본어 등의 외국어에 능숙하여야 한다. 영어 실력은 회화는 자기소개 등의 기본 실력이 있으면 되고, 독해와 영작은 현장에서 배우거나, 전문서적 또는 교육기관을 통해서 미리 배울 수 있다. 국제회의전문가가 필요한 영어회화는 공항영접, 등록, 사교행사, 행사 진행 등의 내용이다.

국제회의 이론 및 관광, 호텔분야의 폭넓은 이해를 기본적

인 바탕으로 하여 국제적인 매너와 태도 및 유머감각까지 갖추어야 한다. 국내에서 유치되는 여러 국제회의에 쫓아다니면서 꼼꼼히 분위기와 진행방식을 익히다보면 이런 분야에 대한 감각이 생기게 된다.

배울 수 있는 곳 및 문의처

국제회의전문가교육원 www.iccos.co.kr

이화여자대학교국제회의센터

www.ewhaconvention.net

플로리스트

플로리스트는 꽃을 상업적으로 이용해 부가 가치를 창출하는 전문직업인이다.

나이나 학력의 제한이 없고, 재능만 있다면 예술가의 경지에까지 오를 수 있다. 우리나라에서도 생활 수준의 향상과 함께 꽃을 필요로 하는 공간이 많아지면서 안정된 수입이 보장된 유망 직종이다.

플로리스트는 단순히 꽃을 아름답게 장식하는 것 뿐 아니라 꽃 장식품의 경제적 효용 가치를 높이기 위해 꽃의 재배, 유통, 소재 개발 등 다양한 분야에도 관심을 갖고 있어야 한다. 미적 감각과 기술은 기본이고 식물의 학명과 꽃의 종류, 꽃말 등 폭넓은 원예 지식도 요구된다. 짧은 시간에 대형 꽃 장식을 하는 경우도 많으므로 체력과 순발력도 필요로 한다.

전문 플로리스트가 되기 위한 교육은 농업 고등 학교, 전문 대학 및 대학교의 관련학과, 사설 학원이나 평생 교육원, 사회 복지관, 문화 센터 등에서 받을 수 있다.

국가 공인 자격을 취득하면 직접 꽃 전문점을 경영할 수 있고, 웨딩 부케, 행사장의 꽃 장식, 매장의 디스플레이, 식당이나 카페 등의 장식까지 다양한 작업을 수행, 예술적인 작업으로 자신의 능력을 발휘할 수 있는 분야이다.

플로리스트 「관련」국가 기술 자격 시험으로는 2004년도부터 한국 산업 인력 공단에서 시행하는 화훼 장식 기능사 자격 시험이 있다. 시험은 1급에서부터 3급까지로 나누어 실시되는데, 3급은 응시 자격에 제한이 없으나 1급과 2급은 일정한 자격 요건을 갖춘 사람만이 응시할 수 있다.

시험은 필기 시험과 실기 시험으로 치러진다. 필기 시험은 화훼 재료와 관리론, 장식학, 제작론 등에 대한 4지 선다형 문제가 출제되고, 실기 시험은 꽃꽂이나 꽃다발 꾸미기, 테이블 장식, 신부 장식 등으로 치러진다.

배울 수 있는 곳 및 문의처

한국 산업 인력 공단

www.hrdkorea.or.kr 1644-8000

한국 플로리스트 협회 www.kflorist.or.kr

투어 컨덕터(TC)

투어 가이드(관광 가이드)가 외국인의 한국 관광 안내라면 투어 컨덕터는 내국인(한국인)의 해외 여행 안내라고 볼 수 있다. 관광객의 신상 파악에서부터 방문지 정보 수집, 숙박 시설 및 항공 탑승권 확인 그리고 관광 보고서 작성까지 여행의 전 과정에 걸친 관련 업무를 수행한다. 즉, 해외 여행의 시작부터 끝까지를 안내해 주는 전문가라고 보면 된다.

여행자와 여행사의 요구에 맞는 신상품을 기획하고 여행지를 사전 답사하는 것도 빼놓을 수 없는 업무 가운데 하나이다.

여행사에 정직원으로 채용돼 일하기도 하고 프리랜서로 활동하기도 하는데 프리랜서는 성수기와 비성수기에 따라 수입이 일정치 않는 것이 단점이다. 그리고 투어 컨덕터의 수입은 천차만별이다.

성수기에는 쉬는 날이 거의 없다. 아침 6시부터 저녁 10시까지 근무한다. 육체·정신적 스트레스가 많은 직업인만큼 급

격한 기후 변화와 시차를 극복해야 하는 강인한 체력을 갖추고 있어야 한다. 대부분 투어 컨덕터는 관광 회사, 호텔, 항공 회사 등에서 근무하게 된다.

투어 컨덕터가 되는 방법

투어 컨덕터가 되기 위해서 특별히 요구되는 학력은 없다. 하지만 외국어 능력은 필수이며 여행 관련 분야나 여행 경험이 많은 것이 유리하다. 여행 안내를 하기 위한 자격증은 문화 체육관광부 주관으로 한국 관광 협회 중앙회에서 시행하는 국내 여행 안내사 시험, 한국관광공사에서 시행하는 관광 통역 안내사 시험이 있다. 고등 학교 이상의 관광 분야 학과 졸업, 전문 대학 이상의 관광 분야 학과를 졸업한 자, 여행 안내와 관련된 업무에 2년 이상 종사한 자 등은 필기 시험이 면제된다.

투어 컨덕터가 되는 방법은 세 가지 정도로 나눌 수 있다.

1. 관광학을 전공한 뒤 여행사에서 근무하면서 투어 컨덕터가 되는 방법.
2. 여행을 너무 좋아하여 여행 경험을 축적해 여행사에 근무한 경험이 없어도 투어 컨덕터로 일하는 방법이 있다. 이 경우 여행사와 전속 계약을 맺거나 전문 투어 컨덕터들이 설립한 회사에 소속되어 일하는 경우.

3. 외국에서 공부 또는 해외 여행을 하다가 투어 컨덕터가 되는 경우.

　　사회교육원 내의 투어 컨덕터 과정을 마치지 않으면 여행사에 취업할 수 없다. 이 교육을 받으려면 여행사 경력이 6개월 이상이 있거나 관광학과를 졸업해야만 한다.

배울 수 있는 곳 및 문의처

한국관광통역연합회 www.tourpia.or.kr

현대 투어컨덕터전문학원 www.hda21.com

서울전문학교 투어컨덕터 hot.stc.ac.kr

푸드 스타일리스트

푸드 스타일링이란 요리의 맛을 사진 또는 영상을 통해 시각적으로 최대한 끌어내어 보는 사람들의 미각 뿐 아니라, 시각, 오감 전체를 만족시키는 직업이다.

좀 더 맛있는 음식을 먹고자 하는 것에서 벗어나 시각적으로도 멋스럽게 즐기고 싶은 최근의 경향으로 푸드 스타일리스트라는 직종이 새롭게 각광받고 있다. 국내에서는 일본의 영향으로 푸드 코디네이터, 요리 코디네이터라고도 알려져 있다.

음식을 좀 더 맛있고 먹음직스럽게 보이도록 요리와 잘 어울리는 그릇과 소품을 써서 예쁘게 담아내는 이을 하기 때문에 요리에 대한 정확한 이해가 필요하다.

푸드 스타일링의 개념이 일찍부터 자리 잡은 미국에서는 요리를 전담하는 조리사, 조리된 음식을 아름답게 담아내는 푸드 스타일리스트, 주변에 놓일 소품과 그릇을 담당하는 프럽 스타일리스트(prop stylist), 제과제빵 스타일링을 전문으로 하는 제과제빵 스타일리스트 등 하는 일이 전문적으로 세분화되어 그 영역이 확실히 구분되지만, 아직 우리나라에서는 푸드 스타일리스트가 조리에서부터 소품 및 패브릭 담당, 스타일링까지의 전 분야에 걸친 기능을 요구하고 있는 실정이다.

음식을 그릇에 담을 때, 가장 주의해야 할 점은 색채이다. 미각을 돋구기 위해서 색은 많은 공헌을 하며, 접시 안에 곁들여 있는 색에 따라 느낌은 변한다. 이런 색채감각은 일상에서 색을 느끼고, 의식하는 것으로부터 길러진다. 그릇에 음식을 담을 때, 황금비율의 적용여부는 분위기를 바꿔주는데, 황금비율을 적용하지 않았을 경우 요리는 모던하면서 평범하지 않은 느낌을 연출한다. 그렇다면 그릇에 요리를 자연스럽게 담기 위한 힌트는 어디서 얻을까? 먼저 담기 전에 그릇의 모양을 관찰한다. 그리고 그릇 안에 산, 계곡, 강과 같은 자연의 풍경을 배치한다고 생각하면 좀 더 자연스러우면서 친근한 느낌의 작품이 나올 수 있다. 이런 자연 풍경의 모방은 일식에서 많이 이용된다.

신문이나 잡지의 요리코너, GF, 전문 요리 서적, TV요리 프로그램이나 영화 속 요리의 스타일링 등 주로 영상 매체와 관련된 분야에서 일을 하고 있다.

이외에도 음식과 관련된 전시회의 스타일링이나 테이블 세팅, 레스토랑 등의 메뉴기획에도 참여하는 등 과거에 비해 푸드 스타일리스트를 요구하는 분야가 넓어지고 있는 추세이다.

푸드 스타일리스트가 되는 길

언제 어떤 상황에서도 멋지게 스타일링 할 수 있는 능력을 갖추어야 한다. 요리와 가장 잘 어울리는 그릇, 소품, 패브릭들을 찾아낼 수 있는 눈과 상황에 따라 변할 수 있는 촬영 조건에 적절히 대처할 수 있는 재빠른 판단능력, 그리고 그에 따른 적절한 실연이 그것이죠. 그러려면 요리에 대해 정확히 이해하고 있어야 하며, 그 요리가 어떠한 식품문화를 바탕으로 하고 있는지에 대한 사전지식을 필수적으로 갖추고 있어야 합니다. 또 기본적인 테이블 매너와 상황에 맞는 꽃꽂이 기술 등을 습득하고 있어야 한다.

위의 조건들은 푸드 스타일리스트가 스타일링 할 때 당연히 갖춰야 할 기능적인 조건이라고 할 수 있습니다. 또 한가지 반드시 필요한 것을 든다면, 그것은 스타일리스트의 개인적인 능력에 관한 것들입니다.

푸드 스타일링은 보는 것처럼 화려한 직업은 아닙니다. 요리가 시각적으로 가장 화려하게 보일 수 있도록 스타일리스트는 그 뒤에는 고된 작업을 거쳐야 한다. 언제 끝나게 될지 모르는 촬영을 끝까지 함께 해야 하고 끊임없이 새로운 아이디어를 제안해야하고 촬영이 끝난 무거운 그릇들을 일일이 정리하고 운반할 수 있는 체력과 인내심, 끊임없는 감각이 필요하다.

실제적으로 일을 하면서 느끼는 어려움들은 푸드 스타일링에 대한 진지한 열정과 노력 없이는 극복하기 힘든 일이다. 그렇지만 일이 끝난 뒤 실제로 그 결과물을 볼 때의 기쁨은 그 동안의 노력을 보상받고도 남을 것이다.

배울 수 있는 곳 및 문의처

푸드코디 한국호텔관광전문학교 www.kht.or.kr

인천문예 푸드스타일리스트과 www.gimiwon.ac.kr

서울현대 푸드스타일리스트 www.hyundai.ac.kr

미스터리 쇼퍼

일반 고객으로 가장하여 매장을 방문해 물건을 사면서 점원의 친절
도, 외모, 판매 기술, 사업장의 분위기 등을 평가하여 개선점을 제안
하는 일을 하는 사람을 미스터리 쇼퍼라고 부른다. 내부모니터 요원
이라고도 한다.

상품의 질과 더불어 서비스의 질에 대한 소비자의 평가에
따라 기업의 매출이 큰 영향을 받게 되면서 생겨난 새로운 직
업 가운데 하나이다.

이들은 직접적으로 소비자의 평가를 파악하기가 어려운 기
업을 대신하여 소비자의 반응을 평가한다. 이들은 매장을 방문
하기 전에 해당 매장의 위치, 환경, 직원 수, 판매 제품 등에 대
한 정보를 파악한다. 그런 다음 직접 매장을 방문하여 상품에
대하여 물어 보고, 구매하고, 환불을 요구하는 등 실제 고객이
하는 행동을 한다. 그러면서 매장 직원들의 반응과 서비스, 상
품에 대한 지식, 청결 상태, 발생한 상황의 전말이나 개인적으
로 느낀 점들에 대해 평가표를 토대로 보고서를 작성한다.

최근 외식업체와 금융 회사, 백화점, 병원, 관공서, 판매업
체 등에서 매장 직원의 평가를 의뢰하는 회사가 늘고 있으며,

이에 따라 미스터리 쇼퍼가 할 일도 많아질 것으로 내다본다.

현재 국내에서 활동 중인 미스터리 쇼퍼는 400~500명 정도. 미스터리 쇼퍼에 대한 기업의 수요가 급증하는 데 비해 부족한 편이다. 이미 선진국에는 미스터리 쇼퍼가 대중화돼 있는 만큼 전문적인 미스터리 쇼퍼의 역할이 앞으로 더욱 커질 것으로 전망했다. 활동이 많은 사람들은 샐러리맨들의 월급에 근접한 수익을 올린다. 패밀리 레스토랑에서는 식사권, 화장품 매장에서는 화장품을 얻는 등 부가 수입도 쏠쏠하다. 신제품이 출시돼 매장 직원들의 제품 이해도를 평가해야 할 때에는 미리 해당 제품을 써 볼 수 있는 점도 매력이다.

미스터리 쇼퍼로 일하려면 미스터리 쇼퍼 전담회사 또는 리서치 회사에 등록해야 한다. 일반 기업체에서 직접 모집하는 경우도 종종 있다. 경력자를 선호하는 편이기 때문에 리서치 회사에서 일한 경력이 있으면 좋다. 성격이 꼼꼼하고 관찰력이 뛰어나야 한다. 보고서를 사실감 있게 작성하기 위해서 글 쓰는 훈련도 필요하다. 기업이 지정한 날짜와 시간을 엄수하는 책임감도 필요하다.

배울 수 있는 곳 및 문의처

아이앤아이 컨설팅 www.acemysteryshopper.co.kr
미즈 모니터 www.miz.co.kr

사물인터넷개발자

사물에 센서와 통신기능을 내장해 사물끼리 인터넷을 통해 실시간으로 데이터를 주고받는 기술이나 환경을 개발한다.

센서와 스마트기기를 결합하여 개인에게 필요한 용도로 사용할 수 있도록 개발한다. USB, 블루투스, Wifi, NFC(Near Field Communication:근거리 통신망) 등의 네트워크를 활용하여 센서와 사물인터넷의 서비스 인터페이스 기술을 개발한다. 체중, 혈당, 혈압 등 환자와 관련된 생체정보를 유무선통신을 통해 스마트폰으로 전송할 수 있도록 하는 애플리케이션 등을 개발한다. 통신공학 기술자 및 연구원으로 종사한다.

사회복지시설관리자

　　노인복지시설을 포함한 사회복지시설의 업무를 책임지고 재정, 인사 등을 관리·감독한다. 영아원, 육아원, 아동입양위탁시설, 모자보호시설, 갱생원, 양로원, 재활원, 요양시설 등 각종 사회복지시설에서 인사·재정을 관리·감독한다. 사회복지 활동을 기획·지휘·조정한다. 수용된 영아, 고아, 노인, 미혼모, 장애자 등에 대한 일반교육, 생활 및 기술지도, 건강관리 등 제반 보호업무를 관장한다. 수용자의 입·퇴실 상황 판별 및 조치, 취업알선, 입양, 위탁보호지도 및 발육경과 등에 대한 각종 일지와 장부를 관리하고 관할 행정기관에 보고한다. 수용자의 보호자와 긴밀한 유대관계를 갖고 보호의 경과를 알려주며 상담에 응하거나 이해를 촉구한다. 관계행정기관, 사회사업단체 및 기타지역사회단체가 주관·주최하는 관계회의에 참석하여 의견을 교환하고 이해와 협조를 요청한다. 후원자 개발을 위해 지역주민 및 유지를 만나 복지사업에 관하여 설명한다. 소년·소녀가장, 독거노인, 장애자 등에게 장학금 및 생활비를 전달한다. 노인의료복지시설이나 재가노인복지시설의 요양보호사나 사회복지사의 업무를 관리·감독한다.

물류관리 · 상담전문가

　물류의 표준화, 규격화, 정보화에 대하여 계획, 진단, 평가, 자문하고 물류전략을 수립하는 등 유통의 합리화와 원활화를 위한 업무를 담당하여 시장창조와 경영합리화에 공헌하고 기업성장을 가속화시키면서 고객이 더 낮은 비용으로 더 높은 서비스를 받을 수 있도록 할 뿐만 아니라 나아가 국제경쟁력을 강화시키는데 중요한 역할을 해야 할 전문 인력을 말한다.

　우리나라 경제가 선진국과 동등한 경쟁체제가 되기 위해서는 기업에 외부경제를 제공해 주는 사회간접 자본시설의 지속적인 확충이 필요하지만 지난 1980년대 이 분야에 대한 투자소홀로 기업의 물류비 증가는 신정부에서 집중적인 투자와 효율제고를 추진해 왔음에도 불구하고 물동량의 급증세와 맞물려 아직 그 개선 효과가 미흡한 실정이다.

　따라서 현재 기업들은 물류비 상승의 심각성을 깨닫고 물류혁신에 다방면의 노력을 경주하고 있으며 정부도 우리 경제의 아킬레스건으로 까지 등장한 물류문제를 해결하기 위하여 현재 범부처적으로 대응책을 추진하고 있으며 이에 대한 대책의 일환으로 물류전문인력을 양성할 수 있는 물류관리사 제도를 도입하였다. 즉, 물류전문인력의 육성은 정부정책의 일환이며 물류의 정보화·전산화·표준화 등 물류근대화를 이루기 위해서는 그 전망과 수요가 급증할 것으로 예상되기 때문에 21세기의 유망자격증으로서 큰 각광을 받을 수 있을 것이며 이에 걸맞는 부와 명예를 누릴 수 있을 것이다.

현재 우리나라의 물류시장은 연각 72조원에 달하며 국내 물류인력의 수요가 제조업은 3만여 명, 유통업을 7천여 명에 이르러 당장 물류전문인력이 3만7천여 명이나 필요한 실정이므로 물류관리사 자격증 취득 후 개업(물류컨설팅회사)을 할 경우 개인의 능력에 따라 많은 수입을 올릴 수도 있고 물류관련분야의 인력이 제조업의 경우 47%, 유통업의 경우 24%가 부족한 상태이므로 물류관련분야에 좋은 조건으로 취업을 할 수 있는 전망이 좋은 자격증이다.

현재 물류관련부서에 근무하고 있는 종사자 및 전혀 다른 분야에 근무하는 분들이 물류관리사 자격증을 취득하기 위해 노력하는 이유는 지금 당장은 이러한 자격증이 필요 없지만 앞으로는 물류관리사를 채용하고 있는 기업에게 많은 정부지원이 있을 예정이어서 자격증의 전망은 밝다고 볼 수 있다. 실지로 미국이나 일본 같은 선진국에서는 정부가 물류관리사를 채용하고 있는 기업에게 많은 지원을 하고 있다.

물류 관리사 시험

시험일자

매년 8월-10월경

시험지역

서울. 부산. 광주. 대구. 대전 (5대광역시)

응시자격

만18세 이상의 대한민국 국적을 가진 남 · 여

(학력, 경력 제한 없음)

응시원서 교부장소

www.q-net.or.kr

한국 산업 인력 공단, 자격 출제원

매년 1회 시행하되, 건설교통부장관이 물류관리사의 수급상 필요하
다고 인정하는 경우에는 물류관리사시험위원회의 의결을 거쳐 2년
마다 시행.

리모델링 컨설턴트

리모델링 컨설턴트는 낡고 오래 된 아파트나 주택, 상가 건물, 대형 건물 등을 현대 감각에 맞게 최신 유행의 구조로 바꾸어 주는 개수 보수 작업을 실행한다. 주거 공간의 리모델링은 효율적인 공간 확보와 생활 동선을 편리하게 하기 위해 한정된 주거 공간을 리모델링하는 일이고 상업공간의 리모델링은 낡고 오래된 임대용 건물이나 도소매 상가 건물 등 주로 상업용 건물을 현대 감각에 맞춰 개조하는 것이다.

리모델링 시장 규모는 연간 12조원으로 추정되며 재건축의 한계, 자원 재활용, 환경 보호 의식의 증대와 함께 날로 확산, 증가하고 있다. 또한, 리모델링의 대상도 아파트뿐만 아니라 주택, 상업용 빌딩까지 확대되고 있으며 건물 완공 후 15~20년 정도 지나 리모델링 시장 사이클에 진입하게 되는 우리나라의 경우는 20년 이상 된 건축물의 총 면적이 무려 3,500만 평으로 그 시장 규모가 급속히 확산되고 있어 리모델링 사업의 전망은 밝다고 볼 수 있다.

리모델링은 건축주의 의도와 컨설턴트의 정확한 판단, 그리고 시설과 공간을 최대한 활용하는 탄탄한 디자인 플래닝이 있어야만 한다.

리모델링의 기초 개념, 리모델링의 창업, 관련 법률 해석, 리모델링에 대한 전반적인 프로세스, 구조 진단, 설비, 디자인, 물건별 리모델링, 인테리어, 부동산 관련 세법 중 리모델링 부분 등에 대한 지식과 기술을 갖추어야 한다.

리모델링 컨설턴트가 되기 위해서는 전문 대학이나 대학에서 건축학과, 산업 디자인과를 전공하는 것이 유리하다. 사설 교육 기관에서 리모델링 산업의 창업, 건축, 디자인, 컨설팅 기법 등을 배워서 리모델링 분야로 진출할 수도 있다.

고객의 편의를 고려한 공간 개조가 주된 업무인 리모델링 컨설턴트는 공간 판단 및 공간 지각 능력인 성분을 갖추면 보다 효율적으로 리모델링 업무를 수행할 수 있다.

리모델링 컨설턴트로서의 성공 키워드는 톡톡 튀는 아이디어라 해도 과언이 아니므로 창조성을 갖추면 더욱 좋겠다.

배울 수 있는 곳 및 문의처
한국 리모델링 협회
02)547-3933-4 http://www.remodeling.or.kr/
한국 리모델링 센터 02)542-8669
유니에셋 리모델링 전문가 과정 02)2142-4800

GRO

GRO(Guest Relations Officer)란 주로 호텔의 귀빈층에 근무하면서 VIP객실을 이용하는 고객들의 호텔 편의를 위한 서비스를 담당하는 호텔 고객 관리 전담 직원이다. 이들은 호텔 내에서의 일상적인 서비스는 물론 고객의 비즈니스 및 관광 스케줄을 관리하며 이에 필요한 정보수집이나 예약 및 서류 작업 그리고 필요에 따라 물품 구입을 대신해주기도 한다.

GRO는 호텔의 안주인 역할을 한다고 말할 수 있다. 많은 손님들이 드나드는 호텔에서는 고객에 대한 섬세한 안주인의 배려가 한층 중요해지고 있다. 고객의 가장 가까운 곳에서 원하는 것을 미리 챙겨 주며 내 집처럼 편안하게 지낼 수 있도록 배려하는 것이 주업무이다.

GRO가 되는 길

어학 습득에 소질이 있고, 다양한 문화에 관심이 많으며, 인내심이 강한 꼼꼼한 성격으로 서비스업으로의 진출을 희망한다면 GRO가 적합하다.

GRO는 대부분 유명 인사 고객들을 상대하고, 그들이 요구하는 사항을 정확하게 파악, 해결해 줘야 하기 때문에 유창한 외국어 실력과 국제적인 비즈니스 매너를 갖추는 것이 필수이다. 외국어는 주로 영어, 일어, 프랑스어 등 4개 국어를 능통하게 구사해야 하며, 다양한 성향의 고객을 대하는 만큼 고객의 의사를 존중할 수 있는 인내심과 포용력도 요구된다.

그 밖에도 다양한 국가의 문화적 관습에 대한 이해를 토대로 세심하게 배려할 수 있어야 하며, 정치, 경제 및 사회의 전반적인 상황에 대한 풍부한 상식을 갖춰야 한다. GRO가 되기 위해서는 국내외에서 호텔 경영학을 전공하거나, 사설 훈련 기관에서 호텔 업무와 관련된 교육을 받는 것이 유리하다.

배울 수 있는 곳 및 문의처

세종 대학교 호텔 관광 경영학과 www.htmsejong.com

gro 부산 호텔 관광 교육원 www.busanha.net

한국 호텔 관광 전문 학교 호텔리어 www.kht.or.kr

스위스 명운 호텔 학교 레로쉬 www.les-roches.co.kr

슈거 아트

슈거 아티스트는 설탕을 이용해 아름다운 작품을 창조하는 예술가이다. 일본에서는 결혼식 등의 행사 때 슈거 크래프트로 파티 분위기를 살리는 것이 매우 흔한 풍경으로 자리 잡은 지 오래다. 하지만 우리나라는 아직 슈거 아트의 초창기이므로 보다 활발한 후진 양성을 통해 저변을 확대시켜 나갈 계획이다. 연구실에서 초 · 중 · 고급 각 3개월 과정의 수업을 진행하고 있으며, 제과 제빵 관련 대학에서 의뢰가 있을 때마다 특강을 실시한다.

슈거 아트는 까다로운 양과자 기술 중 하나로, 시간과 노력을 많이 요하는 분야이다. 그러나 어렵게 탄생한 작품일수록 그 보람은 더 큰 법. 예술의 영역으로 인정받아 작품 하나 하나의 가치가 높은 것 또한 자랑이다. 슈거 아티스트는 우리나라에서는 아직 희소성이 있는 직업이기 때문에 활동 영역을 다양하게 개척해 나갈 기회가 보다 많을 것이라 본다. 일본과 같이 웨딩 케이크의 시장 규모는 더욱 확장될 것으로 예상돼 직업으로서의 전망도 좋다.

슈거 아트는 섬세한 기술을 요하는 작업이므로 차분하고 집중력 있는 성격의 사람이 적합하다. 급한 마음으로 작업을 진행하면 작품이 거칠어져 의미를 잃기 마련이다. 끊임없이 새로운 작품을 구상해야 하므로 창의력을 갖출 수 있도록 사물을 언제나 호기심을 가지고 바라보는 것도 슈거 아티스트가 갖춰야 할 자세이다. 기술 향상을 위해 인내심을 갖고 꾸준히 노력하는 자세도 필수다.

막걸리 소믈리에

소믈리에는 보통 와인의 구입과 보관을 책임지고, 적합한 와인을 추천하여 선택에 도움을 주는 사람을 말합니다. 막걸리 소믈리에는 와인 대신에 막걸리를 취급하는 직업입니다. 막걸리의 원료, 원산지, 제조과정, 맛 등을 고려하여 막걸리를 구매하고 각각의 막걸리에 적합한 방법으로 이를 저장하고 재고를 관리하며 손님이 막걸리를 찾으면 메뉴판에 나와 있는 막걸리의 특징을 설명하고 주문한 음식과의 조화, 취향이나 기호, 모임의 성격 등을 고려하여 적합한 막걸리를 추천합니다.

대학교는 외식 서비스업 전반에 대한 지식을 갖출 수 있는 학과나, 식품 공학과 등을 선택할 수 있으며 현재 국내에서는 공인 자격증은 없으나, 민간 단체에서 운영하는 교육과정을 수료하면 기본적인 지식이나 경험을 쌓을 수 있겠습니다. 세계 음식 문화 연구원이나 한국특산주협회, 전통주음료아카데미 등의 과정을 들을 수 있습니다. 술을 잘 마실 수 있는 능력보다는 섬세한 미각과 후각을 갖추는 것이 중요합니다.

최근에 막걸리바, 막걸리 전문점의 증가와 더불어 전문성을 갖춘 막걸리 소믈리에의 수요가 늘어나고 있으나 현재까지는 전문가가 부족한 상황입니다. 막걸리 소믈리에는 단순히 막걸리에 대한 지식으로 끝나는 것이 아니라 청주, 소주, 복분자주 등과 같은 전통주에 대한 공부나 와인에 대한 지식을 쌓아 전반적인 주류 소믈리에를 겸하는 경우도 있습니다. 국내 뿐 아니라, 해외 시장까지 막걸리의 진출이 늘어나고 있는 가운데 창업 혹은 전문점의 매니저로서의 훌륭한 역할을 할 수 있으며 그 전망도 밝은 편이라 할 수 있습니다.

광고 모델 캐스터

광고 제작에 필요한 여러 가지 일들 가운데 특히 모델 섭외만을 맡아서 관리하는 직업이 있다. 이른바 모델 캐스팅이라 하여 광고 모델로써의 선호도가 절대적으로 높은 인기 연예인들, 혹은 유명 인사들 가운데 적합한 인물을 모델로 설정, 섭외, 관리까지 담당하는 일을 하는 사람을 모델 캐스터라고 한다.

모델 캐스터는 모델이 될 만한 인물 개개인에 대한 장단점과 최근 동향 등에 관한 정확한 정보를 확보하고 있어야 한다. 뿐만 아니라 모델이 될 가능성이 있는 인물의 사생활과 결혼 계획, 성격, 주변 환경 등에 대해서도 세밀히 파악하고 있어야 광고가 제작된 후에 뒤통수를 얻어맞지 않을 수 있다. 대중의 인기도와 알려진 이미지만 믿고 모델을 선정했다가는 불시에 된 서리를 맞게 되는 경우가 있는 것이다. 사생활이 복잡해 언제 어느 때 매스컴에 스캔들이 오르내릴지 알 수 없는 인물은 아무리 인기가 하늘로 치솟는 연예인이라 하더라도 일단 모델 섭외 대상에서 제외시켜야 한다. 지난날 마약 복용 혐의로 문제를 일으킨 탤런트 황수정의 경우가 그 대표적인 예이다.

모델 캐스터는 그런 정보 수집을 위해 모델이 될 가능성이 있는 상대방이나 그 매니저들과 빈번한 접촉을 가지게 된다. 아울러 국내에서 활동 중인 유명, 무명의 전문 모델를 비롯한 영화 배우, 탤런트 등 연예인과 유명 인사들의 프로필과 근황 등에 관한 주도면밀한 정보 수집을 해 둘 필요가 있다, 기성 모델에 관한 정보 뿐만 아니라 신상품의 이미지를 부각시키기 위해 새로운 모델을 찾아 내야 하는 경우도 있다.

불과 한 컷짜리 사진, 또는 단 몇초짜리 CF 한 편을 만들기 위해 기업들은 막대한 자금과 시간을 쏟아 붓는다. 소비자 대부분이, PC 광고나 신문, 잡지 등에 실린 광고를 보고 상품 정보를 얻거나 구매를 결정하기 때문이다.

소비자의 숨겨진 구매 욕구까지도 들추어 낼 수 있는 인상적인 광고를 만들기 위해서는 무엇보다도 좋은 광고 모델을 선정하는 것이 중요하다. 어떤 광고에 어떤 모델이 가능한가에 관한 정보를 확보, 관리하는 일이다.

그 중에서도 특히 광고 모델로서의 선호도가 절대적으로 높은 인기 연예인, 개개인에 대한 장단점과 최근 동향 등에 대한 정확한 정보를 갖고 있어야 한다.

신제품 광고는 유명 인물보다 새로운 이미지의 광고 모델을 등장시키는 것이 효과가 높을 때가 있다.

한 명의 모델을 선정하기 위해 적절하다고 생각하는 모델 3~4명을 결정해 다시 제작진들과 협의를 거쳐 모델을 선정한 뒤 광고주와 최종 합의를 밟는다. 대기업 주력 상품 광고의 경우 모델 선정까지 3~4개월 걸리는 것이 보통이다.

미국이나 일본 등 선진국에서는 모델 캐스팅 역할이 전문화돼 있어, 독자적 영역을 확보하고 있다. 하지만 우리나라는 아직 모델캐스팅에 대한 체계적이고 학문적인 틀을 마련하지 못하고 있다. 또, 캐스팅 자체가 창조적인 작업인 만큼 광고 제작의 질적 향상을 위해서는 모델 캐스팅의 전문화가 우선 되어야 하는 과제이다.

모델 캐스터의 사무실은 국내에서 활동 중인 유명 무명의 전문 모델 1천 명은 물론 영화 배우, 탤런트 등 연예인과 유명 교수, 작가 등 저명 인사들의 사진과 프로필 등이 수록된 스크랩으로 가득 차 있다. 또한 모델 캐스터는 새로운 광고 모델의 발굴을 위해 도서관에 있는 신문 스크랩을 활용하고 수시로 서점에 들러 관련 잡지를 통해 얼굴을 찾기도 한다.

앞으로의 전망과 보수

우리나라는 아직까지 모델 캐스팅에 관한 체계가 잡혀 있지 않아 광고 PD나 감독들이 직접 인물을 물색하러 다니는 경우가 많다. 기업 쪽에선 제일 기획 등 몇몇 큰 광고 대행사에 간혹 전문 인력이 종사하는 정도다.

이 분야는 그러니까 미래 지향형 프리랜서 직종에 해당된다고 볼 수 있다. 또한 이 직종은 개척의 여지가 많고, 향후 업종의 역할 분담 및 전문화에 따른 인력의 수요도 활발해질 것으로 보인다. 또한 광고 제작의 질적 향상을 위해서도 창조적인 모델 캐스팅을 활성화해야 한다는 업계의 움직임도 있는 만큼 머지않아 모델 캐스터들이 당당히 광고계에서 한 몫을 담당할 것으로 보인다.

광고모델 캐스터가 되는 길

모델 캐스터를 전문으로 교육하는 기관은 아직 없다. 따라서 모델 캐스터가 되기 위해서는 무엇보다도 기획사나 이벤트 대행 회사에 입사하는 것이 유리하다. 대기업의 기획이나 마케팅 개발부에 입사하는 것도 한 방법이다.

오늘날 중요한 이벤트나 모델을 필요로 하는 행사는 거의가 이벤트 대행 회사에서 대행하도록 하고 있다. 따라서 대행 회사에 입사하는 것이 최선의 방법이다. 이벤트를 가르치는 학교에서 이벤트를 배운 다음 모델 캐스터로 출발하는 것도 한 가지 방법이다.

유능한 모델 캐스터라면 어떤 경우에라도 가장 적합한 인물을 등장시킬 수 있는 준비가 되어 있어야 한다. 그들은 새로운 모델을 발굴하기 위해 초등 학교 운동장에서부터 대한 캠퍼스까지 누벼야 할 때도 있고, 때로는 사람들이 많이 모이는 경기장이나 카페 등을 기웃거리며 상품 이미지에 딱 맞는 모델을 찾아 내기도 한다. 지나치는 행인의 무심한 얼굴 표정들마저도 모델 캐스터에겐 그냥 지나칠 수 없는 모습이다. 한 편의 광고 모델감으로 어울리는 마스크와 분위기를 찾아 내기 위해 모델 캐스터는 은밀한 헌팅과 추적을 계속해야 하는 광고계의 콜롬보가 되어야 하는 것이다.

대기업 주력 상품의 경우에는 모델을 선정하는 데만도 보통 3~4개월이 걸린다. 모델 캐스터가 그 기간 동안에 찾아 내야 하는 모델은 대개 5명 안팎은 되어야 한다.

그 모델 후보들을 놓고 광고사에선 제작진들과 협의를 하고 최종적으로 광고주와의 합의를 통해 한 명의 모델을 선정하게 된다.

배울 수 있는 곳 및 문의처

- 경기대 이벤트학과   031-249-9114
- MBC 방송 아카데미 이벤트 기획 과정   02-461-0641
- 한국 영상 예술원 이벤트과   02-516-8266

공간 디자이너

공간 디자인은 국내에 도입되어 서서히 발전하면서 명칭도 환경 디자인, 퍼블릭 디자인, 공공 디자인 등 다양한 이름으로 불린다. 요즘 들어 공간 디자인이라는 이름으로 통일되는 추세다.

공간 디자인은 한 마디로 공공 공간(pubic space)의 디자인이다. 인테리어와 반대로 생각하면 이해하기가 쉽다. 인테리어가 개인적인 공간인 건물 내부를 장식하는 것이라면 공간 디자인은 건물 바깥쪽의 치장을 말한다. 작업 대상 공간이 제한되어 있는 인테리어에 비해 공간 디자인은 무제한의 공간을 갖고 있다. 그런 만큼 영역도 넓다. 사회가 다원화되면서 공공 공간이란 의미는 더욱 확대되고 있다. 도로, 광장, 공원, 댐 등 거대한 시설물에서 도시 전체까지 포함한다. 최근에는 대중이 이용하는 철도 티켓의 그래픽, 여행 안내서, 인터넷 홈페이지 등으로 확산되고 있다.

그러나 좁은 의미로는 도시 시설물과 조경으로 국한된다. 육교, 지하도, 교량, 톨 게이트 등 도로 시설, 우체통, 공중 전화

부스 등 정보 시설물, 운동 시설, 놀이 기구 등 휴게, 위락 시설 등을 말한다.

앞으로의 전망과 보수

공간 디자인의 역할은 이런 시설물의 기능과 조형미를 높이는 것이다. 도로 표지판을 예로 들어 보자. 공간 디자인의 역할은 1차적 기능인 정보전달에 머물러 있는 것을 주변 환경과 어울리는 문화적 시설물로 승화시키는 것이다. 표지판을 어디에 배치해야 이용자가 가장 쾌적하고 안전하게 사용할 수 있는지, 버스 정류장, 택시 승강장 등 주변 시설물과 조화를 이루려면 어떤 색채와 디자인이 필요한 것인지 등을 따진다.

생활의 편리함과 쾌적함을 찾게 되면서 공간 디자이너들의 역할도 커지게 되고 앞으로 더욱 발전될 전망이다.

공간 디자이너가 되려면

공간 디자이너가 되기 위한 특별한 자격 요건은 없다. 공간 디자인의 범위가 워낙 넓기 때문이다. 대학에서 디자인, 건축, 산업 디자인, 조경 등을 전공한 사람들은 일단 유리하다. 이들 학문은 공간 디자인의 기초 교양 과정에 해당되기 때문이다. 성균관 대학 등 일부 대학의 대학원 과정(환경 디자인, 환경 공학)도 눈여겨 볼 만하다.

대학원 과정에선 관련 분야의 이론과 실무를 쌓을 수 있다. 시간이 있다면 외국 유학도 도전해 볼 만하다. 외국에선 이미 오래 전부터 공간 디자인이 뿌리를 내려 내로라 하는 전문가들이 많다.

최근 들어선 분야가 세분화되어 전문성이 강조되는 추세다. 분야가 다양한 만큼 색채, 조명, 사운드 등 특정 분야의 전문성을 쌓는 것이 오히려 더 빠른 길이 될 수 있다는 게 전문가들의 조언이다.

배울 수 있는 곳 및 문의처

- 성균관대 대학원 환경 디자인과　02-760-0964
- 성균관대 대학원 환경공학과　02-760-0961

나무 치료사

한 마디로 말해 나무를 치료해 주는 사람을 말한다.

나무들도 온갖 병을 앓는다.

외견상 아무렇지 않아 보이는 나무들도 잘 진찰해 보면 한두 가지씩의 질병을 앓고 있는 경우가 대부분이고 때로는 암과 같은 불치병에 걸려 죽어가기도 한다.

나무의 치료도 내과 치료와 외과 수술 영역이 분리돼 있다. 영양 실조에 걸린 나무는 각종 영양소와 식물 생장 호르몬, 항생제 등을 혼합한 영양제를 공급해 원기를 북돋운다.

이 때 나무 줄기 표피 안쪽인 도관 부분에 직접 영양제를 주사하는 수간 주사와 스프레이를 통해 잎에 뿌리는 도포법이 병용된다. 병충해로 앓는 경우에는 살충제와 항생제 등을 사용한다.

나무에도 암과 같은 불치병이 있다.

뿌리나 줄기에까지 세균이 침입하여 혹이 생기는 근두암 종병이 대표적이다.

이 병은 조기에 발견해 치료하지 않으면 급속도로 번져 뿌리와 줄기의 생장 활동을 차단, 끝내는 나무를 죽게 하는 무서운 병이다.

수명이 몇 백 년씩 되는 귀중한 고목들은 노쇠 현상으로 잎이나 가지가 말라 떨어져 나가고 가벼운 바람이나 비에도 쉽게 부러져 나간다.

이 같은 증세는 주로 줄기 안에 빈 공간이 생기는 공동 현상 때문에 생기며, 이 공간 사이로 습기나 빗물이 침투하면 내부로부터 썩기 시작하고 영양을 공급하는 도관까지 썩게 되면서 치명적인 상태가 된다. 이 때는 대형 수술이 유일한 치료법이다.

외과 수술은 나무에 따라 약간씩 다르지만 우선 부패된 부분을 깨끗이 들어내는 작업부터 시작한다.

잘라 낸 부분에 살균제와 살충제를 뿌려 해충이나 병원균이 침입하지 못하도록 완전하게 소독을 한 뒤 우레탄 등의 인공 수지로 공동 부분을 메운다. 이 같은 모든 일을 하는 것이 나무 치료사이다. 말 못하는 나무의 병을 진단해 주사도 놓고 수술도 하는 나무 전문의다.

잎이 누렇게 시들고 시름시름 앓던 나무들도 나무 치료사의 손길이 닿으면 새싹이 돋고 원기 왕성한 푸르름을 되찾는다.

나무 치료사들이 항상 걱정하는 것은 자동차 배기 가스 중 아황산가스, 산성비 등이다. 그것들 때문에 나무들이 병들어 가고 있는 것을 볼 때 걱정이 앞선다. 말 못하는 나무의 병, 인간과 똑같은 생명체이므로 질병의 종류와 상태가 크게 다를 것이 없다고 한다.

앞으로의 전망과 보수

나무 치료사들은 거의 지방의 군청 산림계나 도청이나 시청의 산림계에서 근무하게 된다. 따라서 보수는 지방 공무원의 급수에 따라 받는 봉급으로 예상하면 된다. 9급 정도의 공무원이 월 120만 원이며, 보너스는 공무원 기준에 따라 연 600%이다.

나무 치료사가 되는 길

전국의 농업 고등학교 임업과를 졸업하거나 농과대학 임업학과를 졸업하여, 군청이나 도청의 산림계에 취업하는 길이 무난하며, 농림부 산하 산림청에 취직하는 길도 있다.

배울 수 있는 곳 및 문의처

- 전국 농업 고등학교 임업학과
- 전국의 농과대학 임업학과
- 전국 군청 산림계

보험계리사

미래의 위험을 예측해 수량화하고 기회를 평가하는 직업이라고 할
수 있어요.

보험계리사는 실제 비즈니스 문제의 다양한 범위 안에서 수학, 통계,
경제 및 제정 분석을 적용해요.

보험 상품 개발, 보험료 계산, 지급 보험금 예측, 보험 회사의 자본
적정성 평가, 사업계획 수립 등등 보험회사의 다양하고 중요한 업무
를 계리사들이 수행하고 있지요.

이러한 업무를 수행하기 위해 보험계리사는 명확하고 논리적으로 생
각하는 능력과 함께 뛰어난 수학적 능력을 갖춰야 한답니다.

보험계리사가 각광받는 이유?

해외에선 유망업종 중 하나인데.. 국내에선 아직 '보험계리
사'에 대해 잘 안 알려져 있어요. 그러다 보니 준비하는 이도 적
고 계리사 자격증을 소지한 분도 적은 편이죠. 업계에 필요한
보험계리사에 비해 인원이 모자르다보니 보험업계에선 '보험계

리사' 모시기 경쟁이 치열하죠.

'보험계리사'는 금융감독원과 보험개발원이 시행하는 전문 자격시험을 통과 해야하는데요.

매년 120명만 뽑기 때문에 일단 자격증을 소지한 '보험계리사'의 경우 귀한 대접을 받는거죠.

국내 경우 시험과목이 조금 적은데요. 1차 4과목 2차 3과목이죠. 내년 2014년엔 과목수가 9과목으로 늘어난다고 해요.

보험계리사가 보험사에서의 위치는?

보험계리사는 리스크와 여러 상황들을 예측해서 보험상품 개발 단계부터 자본적정성 평가까지, 회사 전체의 손실을 최소화할 수 있도록 도와줘요.

한마디로 '보험계리사'의 일이 보험회사 업무의 밑바탕이 된다고 할 수 있죠.

그래서 전 계리사를 다른 말로 '금융회사 의사' 라 불러요. 문제가 있으면 고쳐야 하고 문제가 생기기 전에도 건강하게 돌아갈 수 있도록 회사를 돌봐야 하니까요.

위험만 평가하는 게 아니라 모든 걸 예측하고 도전하고 혁신적으로 생각할 수 있다는 게 매력적이에요.

위험을 예측한다는 건 숫자 보고 분석하는 것만으론 안되거

든요.

'보험계리사' 시험엔 어떤 과목이 있나요?

1년에 두 번 치뤄지는데요. 1차 시험에 붙어야 2차 시험을 볼 수 있어요..

우선 지금 진행되고 있는 '보험계리사' 1차 시험 과목은 보험계약법(상법 제4편) 및 보험업법, 보험수학, 경제학원론·경영학, 외국어 (영어·일어), 4과목이고요.

2차 과목은 보험이론 및 실무, 회계학, 보험수리학 3과목이에요.

그런데 2014년부턴 시험 과목이 늘어나요. 1차 시험 과목은 다섯 과목, 2차 시험도 다섯 과목으로요.

2012년 '보험계리사' 시험 과목

1차 시험 : 경제학원론, 보험수학, 영어, 보험계약법(상법 보험편), 보험업법·근로자퇴직급여 보장법,

2차 시험 : 계리리스크관리, 보험수리학, 연금수리학, 계리모형론, 재무관리 및 금융공학

보험계리사에 대해 이야기할 때 눈이 반짝 반짝 빛나는 지민정씨.

정말 이 직업을 사랑하는구나~ 하고 느껴지더라고요.

'보험계리사' 어떤 분들이 적성에 맞을까요?

일단 세상 돌아가는 일에 관심이 많으신 분이어야 할 것 같아요. 사건, 사고, 경제.. 그리고 일기(재난재해) 까지! 그리고 무엇보다 수와 친근해야해요.

미래의 후배들에게 '보험계리사'의 매력은?

보험회사에 관심이 있고 보험과 관련된 일을 하고 싶다면 보험의 전반적인 걸 고루고루 다룰 수 있는 '보험계리사'가 참 매력적인 것 같아요.

디스플레이어

디스플레이란 작품이나 상품을 알리기 위한 장식과 전시를 하는 것으로 고객의 구매 욕구를 일으키는 판매 촉진의 한 방법이다.

직업으로서의 디스플레이란 어떤 작품, 또는 상품을 공중에서 시청각적으로 직접 알리고 선전하기 위한 진열이나 전시 행위를 말한다. 가령 쇼 무대를 꾸민다든가, 백화점의 상품이나 시설물을 전시, 설치하는 등의 작업이 모두 디스플레이를 통해 이루어진다. 따라서 이 분야에 종사하는 사람들을 가리켜 디스플레이어라고 한다.

디스플레이는 하나의 디자인인데, 우리나라에서 디스플레이란 말이 쓰여진 것은 최근의 일이다. 전에는 단순히 전시. 장식으로 불려진 정도였다. 그러나 요즘은 전시 내용의 진열 및 전달이나 판매 촉진을 목적으로 한 빛, 소리, 영상 등을 사용한 공간 연출을 총칭해서 디스플레이라고 한다.

디스플레이 작업은 크게 진열과 전시로 나누어 구분된다.

디스플레이 진열이라 하면 보통 점포와 같은 상업 시설에서 판매 촉진을 목적으로 하는 것으로 패션 매장이 그 대표적인 예다.

현장 작업에 앞서서 디스플레이어는 해당 점포나 판매장에서의 상품 구성에 조화와 균형이 갖춰졌나를 점검하는 일이 가장 중요하다. 그 다음 단계로는 상품의 특징을 상징적으로 보여 주는 쇼윈도와 점포 앞 디스플레이를 효과적으로 연출해야 한다. 이와 함께 매장 전체의 바닥, 벽, 천장, 기둥 장식, 선반, 전시 가구, 조명 등 세부적인 디자인 작업에 들어간다. 마네킹의 옷 매무새나 포즈, 선반 진열 같은 것도 전체 디스플레이의 완성도를 높여 주는 역할을 한다.

디스플레이 전시는 진열한 물품보다 한층 더 규모가 크고 차원 높은 작품성이 강조되는 부분이다. 상품 광고나 기업 홍보를 위한 전시회나 전람회 등 대부분 장기간에 걸친 준비를 필요로 하는 것이 디스플레이 전시다. 자동차 쇼, 하우징 쇼, 혹은 산업용 로봇을 위한 쇼 같은 것들이 그 대표적인 예라고 할 수 있다.

앞으로의 전망과 보수

디스플레이 작업료는 내용이나 전시 공간의 규모에 따라 보수가 크게 달라진다. 이를 테면 백화점이나 쇼핑 센터의 한 코너를 맡았을 때와 층 전체를 맡았을 경우 보수도 작게는 몇 백만 원대에서 크게는 수천만 원대에 이르기까지 천차 만별이다.

흔히 그림값이 작가의 지명도와 유명세에 따라 결정되듯이 디스플레이어도 개인차에 따라서 수입의 폭이 매우 유동적이다.

이 분야의 종사자들은 초창기에는 대부분 프리랜서로 활약하다가 능력을 인정받아 그 방면의 유명인이 되면 회사를 차려 각 기업체와 거래를 하게 된다. 디스플레이어로서는 이런 경우가 가장 성공적인 사례라고 할 수 있다.

회사의 구성 요원들은 디스플레이를 비롯해 인테리어 디자이너 등으로 짜여져 있고, 경우에 따라서는 외부에서 프리랜서를 불러들여 작업을 진행해 나갈 때도 있다.

디스플레이어로서 성공하려면 무엇보다도 창의력과 함께 고객의 의중을 정확히 판단할 수 있는 분석력이 요구된다. 기존의 디스플레이 형식을 과감히 탈피하면서도 대중의 공감을 이끌어 낼 수 있는 보편적이고도 늘 새로운 작품을 연출하는 능력을 갖는 것이 무엇보다 중요하다. 누구도 모방할 수 없는 자신만의 작품 세계를 갖춘다면 그 이름값을 톡톡히 인정받는 프리랜서로 자리잡게 된다.

수요자인 기업이나 업체가 의도하는 바를 정확히 읽어 그에 맞는 디스플레이를 연출해야 함도 물론이다.

이러한 것들 이외에도 필수적으로 갖춰야 할 게 또 하나 있다.

그것은 바로 부지런함이다. 디스플레이 작업의 모든 과정을 디스플레이 한 사람에 의해 이루어지는 경우가 대부분으로 도면 작업을 비롯해 전시, 진열, 관리, 감독 등의 모든 일을 디스플레이 한 사람이 전담하지 않으면 안 된다.

필요한 소도구들을 구하기 위해 청계천이나 을지로 같은 시장을 휩쓸고 돌아다녀야 하며 업체에 따라 지방 출장이 빈번한 곳도 있다. 이 때 디스플레이어는 시간과 거리를 막론하고 장거리 여행도 해야 한다. 무슨 일에서건 당연히 부지런함이 요구되겠지만, 디스플레이어야 말로 작업의 특성상 부지런함이 더욱 요구된다.

독창성과 분석 능력, 그리고 활동성, 이 세 가지는 디스플레이어가 갖춰야 할 트라이앵글이다.

디스플레이어가 되는 길

현재 국내에서 디스플레이어로 활동하고 있는 사람들 가운데는 여성이 더 많다. 그들 대부분이 대학에서 공업 디자인이나 실용 미술을 전공한 사람들이다. 그들 중 일부는 전문성을 키우기 위해 디자인 분야가 발달한 프랑스 같은 선진국으로 유학을 다녀온 경우도 있다.

관련학과 졸업자가 아니라도 현재 디스플레이 전문 인력을 양성하는 사설 학원은 많이 개설되어 있다. 이들 사설 학원에서 보통 1년 과정으로 교육을 마치면 취업을 알선해 주기도 한다.

디스플레이어라는 직업이 우리나라에 정착된 것은 고작 10여 년 정도에 불과하다. 예전에는 백화점의 디스플레이도 자체 홍보과 같은 곳에서 담당했었다. 그러나 요즘에는 매장이나 전시 공간의 시각화 작업이 활발히 전개되면서 대형 유통 업체는 물론 소규모 전시장이나 각종 홍보 시설의 디스플레이가 대부분 전문가들의 손에 맡겨지고 있다.

상품이나 매장, 나아가 브랜드의 이미지를 높이기 위해 각 기업체에서 전문 인력의 필요성을 충분히 인식하게 된 것이다.

배울 수 있는 곳 및 문의처

- 한국 디스플레이 협회   02-516-5236
- 아트센터   02-706-2147
- 세잔 디스플레이 학원   051-865-6061
- 나래 디자인 학원   02-744-4114

블로거

Blog란?

블로그란 "Weblog"라는 용어의 줄임말으로써, 1999년 부터 대중적인 인기를 얻어 '1인매체'로써의 기능을 해오고 있습니다.

블로그에는 다양한 형태가 있는데 대부분은 '개인 블로그'를 운영하고 있고 이 외엔 기업형블로그, 광고 블로그가 있습니다.

개인 블로그는 장르에 따라 나누어 지고 자신의 취향에 따라 음악, 예술, 음식 블로거등으로 나뉩니다.

미국에서는 블로그 문화의 역사가 오래 되었고 전문 직업에 종사하는 전문가들이 자신의 개인 견해나 Mass-Media(공중파방송)에 물들지 않은 시각으로 소식을 전해왔었습니다. 그 결과 한번은 미국 상위 의원이 스스로 사직한 적도 있습니다.

이러한 파워를 가진 블로거들이, 블로거로 '돈'을 버는 것은 이상한일이 아니라고 봅니다.

현재 미국 내에서는 블로거가 452,000명으로써 변호사에 이어 2번째로 가장 많은 직업입니다.

한달에 10만명 이상 유입이 가능한 블로거는 1년 순수 수익으로 75000$달러 가량을 번다고 하니 번듯한 직장이나 마찬가지입니다.

하지만! 이렇게 돈을 벌기 위한 직업 블로거가 되기에는 넘어야 할 벽이 높습니다.

최근에는 파워 블로거가 공동구매를 진행하며 개당 2만원의 수수료를 남겨 2억 가까이 실리를 취하고 제품은 알고 보니 오존함류량이 높아 건강에 오히려 치명적인 제품을 판매한거입니다.

위와 같은 사례를 보면 아시듯이 파워 블로거, 직업 블로거들이 자신의 '목소리'를 악용한다면 참된 직업군으로 볼 수 없습니다.

또한 미국의 소녀는 현재 13세로 패션 블로그를 운영하며 뉴욕 패션 위크, 티비쇼등에 출연할정도로 인기가 높습니다.

이 소녀는 자신만의 스타일과 문체, 정기적인 블로깅, 흥미로운 자기 홍보로 현재의 인기를 누리고 있습니다.

동시에 티셔츠등도 판매하며 수익을 올리고 있으리라 생각됩니다.

이 소녀와 같은 '프로블로거'가 되기 위해선 무엇보다 자신만의 콘텐츠를 창조해내는 힘과 노력, 시간이 필요합니다.

또, 한 블로거가 운영하는 블로그는 애플사에서 나온 신제품 리뷰나 개인 평판, 루머등에대해 작성하고 게시는데 원래 이쪽계통에서 일하셨던만큼 전문성을 유지하며 글을 작성하고 계십니다. 세계적으로 유명한 블로거이며 애플사에서도 출시 이전에 시판을 의뢰할 정도라니, 대단하죠?

이분의 블로거를 보았을땐 정확한 설명과 잣대를 가지고 사실을 전달하는, '전문성'이 눈에 띄는 블로거입니다.

블로그의 성향에 따라 추구하는 스타일과 독자층이 다르다는것도 염두해두어야할 요소인것 같습니다.

위와 같은 일례말고도 파워 블로거, 직업블로거라 불리는 그들이 되기 위해서는 꾸준한 노력과 운이 필요합니다.

그렇기 때문에 보통 블로거들은 취미생활정도로만 블로그를 운영하고 수익금은 용돈정도로 벌고 있는경우가 대다수입니다.

하지만 모든 직업이 그렇듯 직업 블로거로써 도전해 보고 싶다면 준비된 자세로 임해보시면 어떨까 생각합니다.

마케팅 리서처

마케팅 리서처는 상품이 소비자를 잘 만족시키는지, 소비자가 그 상품에 대해 어떻게 느끼고 있는지, 특정 상품의 시장성을 조사하는 전문인으로 기업과 소비자 사이의 의사 소통을 하는 역할을 한다.

소비자의 입장에서 만들어진 상품만이 시장 경쟁에서 살아남는 게 현실이다. 이에 따라 어떤 제품을 내놓아야 팔릴 것이며, 생산된 제품을 잘 판매하기 위해서는 어떤 판매 전략이 필요한지를 파악하는 일, 즉 마케팅은 이제 모든 기업에서 중요한 위치를 차지하게 되었다.

조사 의뢰가 들어오면 마케팅 리서처는 그 상품에 대해 검토한 후 가장 적합한 조사 방법을 택한다. 질문지를 사용할 것인지, 심층 탐문 조사를 할 것인지 혹은 그 밖의 다른 방법을 이용할 것인지를 결정하여 시장 조사에 들어가며, 입수된 조사 자료를 가지고 통계적으로 분석하여 조사 결과 보고서를 작성한다.

마케팅 리서처는 이러한 일련의 과정을 통해 상품이 시장에 나오면 소비자에게 어느 정도 호감을 줄 것인지에서부터 판매 전에 보강해야 할 점과 광고에서 부각시켜야 할 제품의 특성까지 분석해 내는 등 기업이 최적의 투자를 할 수 있도록 기초 자료를 제공하는 것이다.

이 조사 업무는 한 건을 처리하는데 2~3주에서 길게는 몇 달이 걸리기도 하는데, 간단한 조사는 마케팅 리서처 혼자서 맡기도 하지만 큰 조사의 경우에는 5~6명이 팀을 구성하여 일하게 된다.

마케팅 리서처는 우선 상품의 내용을 파악하여 적절한 시장 조사 방법을 채택하는 능력, 통계의 내용을 자료를 날카롭게 분석할 수 있는 능력이 필요하다.

또한 조사 방법이 점차 과학화되고 있는 추세이기 때문에 컴퓨터와 통계학에 관한 전문 지식과 소비자의 심리를 파악할 수 있는 사회 심리학적인 기본 지식도 요구된다.

경영학, 경제학, 통계학, 심리학, 사회학 등 인문 사회 계열 전공자가 접근하기 쉽다고 할 수 있다.

앞으로의 전망과 보수

하루에도 셀 수 없이 많은 상품들이 쏟아지고 있으며, 기업들은 상품의 성공 여부를 알아 보기 위해 시장 조사 방법을 적극적으로 활용하고 있다.

규모가 큰 기업에서는 자체 마케팅 부서에서 자사 제품에 대한 기본적인 업무를 담당하기도 하지만 전문적인 조사와 분석을하기 위해서 조사 전문 회사나 광고 대행사에 의뢰하는 기업이 늘고 있다. 제품의 성공은 정확한 시장 조사에서 비롯된다는 점을 기업들이 인식하고 있는 만큼 이 직종은 전문 영역의 한 분야로서 장래성이 폭넓게 열려 있는 셈이다.

마케팅 리서처들이 주로 일하는 광고 대행사나 조사 전문회사는 마케팅 리서처가 몇 명에 불과한 곳에서부터 몇십 명이 넘는 곳까지 다양하다. 그러나 보수는 규모에 관계없이 일반적으로 다른 업계에 비해 높은 편이며, 연봉제를 실시하는 곳도 많다.

조사회사 연구원의 경우 일반 대졸사원 초봉은 연 2,500~2,600만 원 정도이고, 수석 연구원이 되면 연봉 3,500만 원 이상을 받는다.

마케팅 리서치가 되려면

마케팅 분야는 특별한 자격증 제도가 있지 않고 학원 같은 사설 교육 기관도 없다. 조사 전문 회사나 광고 대행사의 공채를 통해 마케팅 리서처가 되는 것이 가장 일반적이다.

그러나 최근에는 대부분의 마케팅 관련 기업들이 공채보다는 특채에 의존하므로 이력서를 미리 제출해 두는 것도 좋다. 또한 임시직 요원이나 설문 조사 아르바이트를 하다 리서처가 되는 경우도 있으므로 일찍부터 다양한 조사 방법을 익히면서 기회를 노리는 것도 한 방법이 될 것이다.

배울 수 있는 곳 및 문의처

- 한국 갤럽 조사 연구원   02-3702-2114
- 한국 닐슨   02- 546-1181
- 한국 리서치   02- 538-7766
- 현대 리서치   02- 323-8982
- 리서치 앤 리서치   02-3472-2111
- 한국 마케팅 조사개발원   02-737-1952

머천다이저

머천다이저(Merchandiser)의 약자를 따서 흔히 엠디(MD), 혹은 상
품 기획자라고 부르는 이 직업은 상품의 기획에서부터 구매, 진열,
판매 등을 총괄하는 일을 한다.

소비자가 어떤 상품을 얼마의 가격에 어떤 서비스를 원하는
지를 미리 파악하여 이를 성공적으로 수행하기 위해 상품화하는
업무를 수행한다. 머천다이저는 주로 바잉오피스나 외국 상사,
의류 업체, 유통 업체 등에서 활동하며 해당 업계에 따라 머천다
이저의 역할에 조금씩 차이가 있다. 백화점과 대형 할인점 등 유
통업체의 머천다이저는 주로 바이어 형태이고, TV쇼핑이나 통
신 판매, 의류 업체의 머천다이저는 상품 기획자에 가깝다.

의류 업체 머천다이저는 의류 상품을 기획하는 것에서부터
매장 디스플레이, 판매 등 영업 관리까지 마케팅을 총괄하는
역할을 한다.

소비자들의 의류 브랜드 선택 기준이 무엇인지 소비자들의

나이나 직업 등과의 상관 관계를 알아 보고, 또한 어떻게 변화하고 있는가를 연구해야 한다. 매장을 돌아다니며 어떤 제품이 인기가 있는지 조사하는 것은 물론 경쟁사의 브랜드 경향과 제품 분석까지 해야 한다.

이를 토대로 디자이너와 함께 새로운 상품을 기획하고 디자인 컨셉트를 결정한다. 이 밖에도 공장에서 제품이 만들어지는 과정을 확인하고 제품이 완성되면 매장에 전시, 판매하는 것까지 머천다이저의 손길이 들어간다. 제품이 나오기까지 기획에서부터 판매의 모든 과정에 참여하기 때문에 의류 머천다이저를 오케스트라의 지휘자라고 비유하기도 한다.

백화점, 대형 할인점, 대형 수퍼마켓, 통신 판매 업체 등의 유통 업체 머천다이저는 상품을 기획하고 적정한 양을 구매하는 일을 한다. 시장 조사를 통해 소비자가 원하는 상품을 분석한 뒤 해당 업체에 상품을 주문, 전시, 판매까지 관여하며 재고 상품 관리까지 한다.

앞으로의 전망과 보수

머천다이저의 보수는 업체에 따라 천차만별이다. 대형 유통 업체의 경우 1년차가 연봉 1,500 ~ 1,800만 원, 입사 3년차가 2,000 ~ 2,300만 원 정도이다. 머천다이저가 담당하는 상품 판매량에 따라 성과급이 별도로 지급되는 곳도 있으며 연봉제를 실시하는 곳도 있다. 업무 성과에 따라 계약을 체결하는 계약직 시스템을 도입한 곳도 있으며 이러한 추세는 점차 증가할 전망이다.

규모가 큰 의류 업체 머천다이저의 보수는 대기업 수준이며 회사에 따라 전문성을 인정, 수당을 지급하는 곳도 있다. 그러나 일반 직원과 동일한 임금을 주는 곳도 많다. 바잉오피스의 경우 2~3년간의 수습 시절에는 연봉 1,500만 원 정도를 받게 되지만, 정식 머천다이저가 되면 능력에 따라 대부분 연봉제로 임금을 받게 된다. 대체로 회사나 경력, 능력에 따라 차이가 많이 난다.

결혼 후에도 근무가 가능하며 높은 급여와 남녀 차별 없는 근무 조건이 여성들의 호응을 얻고 있는 듯하다.

머천다이저가 되는 길

머천다이저가 되기 위한 학력 차별은 거의 없다. 대규모 유통 업체의 경우 공채로 신입 사원을 선발한다. 4년제 대학 졸업자로 전공 제한은 없으나 영문학이나 무역학 전공자, 해당 업종의 관련 학과를 전공하는 자가 취업률이 높은 편이다. 서류 전형과 면접을 통해 선발하며 판매사 자격증이 있으면 유리하다. 수시로 경력 사원을 모집하기도 하므로 소규모 유통 업체에서 경력을 쌓은 뒤 입사하는 것도 하나의 방법이다.

백화점에서는 공채 형태로 모집한 다음 바이어로 육성하는 반면 TV 홈쇼핑에서는 아예 머천다이저에 적합한 인물을 수시로 뽑는다.

유통계 지식을 체계화시킨다면 미래에 더욱 보장된 직업이 될 것이다.

배울 수 있는 곳 및 문의처

- 한국 무역협회 국제 무역 연구원 02-551-5364
- 코오롱 패션 산업 연구원   02-548-3567
- 명지 대학교 유통 대학원   02-300-1700

메이크업 아티스트

메이크업 아티스트는 연극 또는 방송계에서 활동하고 있는 분장에서
세분화되어 차츰 전문 분야로 자리를 잡아가고 있는 직종이다.

일반적으로 분장사가 작품의 내용이나 인물의 성격에 치중하
는 반면 메이크업 아티스트는 화장 기법으로 대상자의 결점을 커
버해 주면서 아름다운 얼굴을 찾아 주는 직업이다. 그러므로 단
순히 메이크업을 하는 것이 아니라 눈썹 하나를 그리더라도 그
사람의 얼굴이 갖는 각각의 개성을 정확하게 파악하고 피부 감각
이나 그 얼굴이 갖는 분위기를 살리면서 당사자에게 어울리는 메
이크업을 해 주는 것이 메이크업 아티스트의 몫이다.

메이크업 아티스트는 방송사나 극단, 프로덕션, 화장품 회
사, 예식장, 호텔의 미용실, 광고 대행사, 모델 에이전시 등에 소
속되어 일하거나, 패션쇼 또는 가수의 공연 현장에서 출연자들
의 화장을 해 주는 프리랜서로 활동한다. 또한 어느 정도 경력이
쌓이면 미용실이나 피부 관리실 등을 직접 운영할 수도 있다.

메이크업 아티스트는 아티스트라고 불리지만 기술만이 아니라 자신의 감각으로 표현하고 이미지를 만들어 내는 일이며 자신이 라이트를 받는 일이 아니라 어디까지나 뒤에서 수고하는 일이므로 무엇보다 메이크업을 좋아해야 하며 감각과 감성이 있어야 한다. 독특한 화장법을 개발하는 창의력이 있는 사람에게 적합하며 메이크업뿐만 아니라 헤어 등 토털 코디가 가능하면 유리하다.

앞으로의 전망과 보수

경제적으로 여유가 있을수록 가꾸고 치장하는데 관심이 높아지기 마련이어서 전문적인 메이크업 아티스트의 입지도 지속적으로 넓어질 전망이다.

또한 예전에 비해 연예인이나 모델 등의 전문 메이크업 아티스트에 대한 의존도가 높아져 그만큼 활동 영역이 넓어졌다.

수입은 어떤 일을 맡느냐에 따라 크게 달라진다. 연예인의 메이크업을 맡아 하거나 텔레비전 프로그램에서 전속으로 일할 경우에는 월 180~250만 원 정도이고 가수의 콘서트나 광고 촬영, 모델의 메이크업은 1일 기준 20~30만 원 정도이다. 또한 신부화장의 경우에도 한 번 출장시 15~20만 원까지 받을 수 있다.

메이크업 아티스트는 일단 자리 잡으면 나이가 들어서도 할 수 있는 평생 직업이지만, 일반적으로 인정을 받기까지 1~2년은 배운다는 각오로 임해야 하며 그때까지는 월 70~100만 원의 보수에도 견디어야 한다.

메이크업 아티스트가 되려면

메이크업 아티스트는 특별한 자격증이 없다. 개인 어시스턴트로 활동하면서 일을 배우거나 사설 미용 학원 또는 화장품 회사의 뷰티 아카데미에서 교육을 받는 방법이 있다.

학원의 정규 과정은 보통 6개월에서 1년이며, 각 방송사에서 운영하는 전문인 육성 과정은 6개월, 화장품 회사에서 운영하는 뷰티 아카데미는 3개월 기본 과정에 1~2개월씩 프로 반이 추가된다. 뷰티 아카데미는 일단 교육 과정이 세분화되어 있고 전문강사에게 교육을 받을 수 있어 이후 실전에 임할 때 큰 도움이 될 뿐만 아니라 실제적인 취업에도 도움이 될 수 있다.

배울 수 있는 곳 및 문의처

- MBC 아카데미   02-2240-3800
- SBS 아카데미   910-6318
- 도도 아카데미   02-512-9590
- 메이크업 포에버   02-547-1204

물리 치료사

물리 치료사는 「직업 사전」에 의하면 「병원, 재활원, 양로원 등에서 의사의 처방에 따라 만성 통증 및 신체 기능장애 환자를 물리적인 방법으로 치료하는 사람」이다.

학문적인 정의로는 「질병, 사고 혹은 선천적인 질환 등으로 일시적이거나 영구적인 장애를 갖게 된 사람들에게 운동 치료나 물리적인 요소, 즉 열, 전기, 광선, 물 등을 이용해서 손상된 기능을 회복시키거나 장애를 최소화할 수 있도록 평가, 치료하는 사람」으로 되어 있다.

따라서 물리 치료사는 무엇보다 보람된 직업이다. 운동 연습중 다쳐서 자신의 꿈을 잃어버린 운동 선수에게 새로운 삶을 안겨 주기도 하고, 태어날 때부터 뇌성 마비인 아이가 정상적인 생활을 할 수 있도록 도와 주기도 한다. 또한 건강을 잃어버린 사람에게 건강의 소중함을 알려 주기도 한다.

물리 치료의 영역에는 크게 근육 골격계 질환을 포함하는 정형 물리 치료, 신경계 질환 물리 치료, 그리고 아동 물리 치료 등이 있으며, 보통 종합 병원에서 근무하지만 의원, 재활원, 종합 복지관, 특수 학교, 노인 재활 시설, 보건소, 스포츠 구단 및 체육 관련 시설, 물리 치료 연구 기관, 보조기의 수족 제작사 등에서 근무하기도 한다.

물리 치료의 과정은 먼저 의사로부터 환자에 대한 처방을 받고, 물리 치료를 위한 검사와 평가를 한 후 치료 계획을 세우고 치료를 하며, 환자의 상태에 따라 치료를 계속해서 시행할 것인지 아니면 중단할 것인지 의사와 협의한다.

앞으로의 전망과 보수

보통 오전 9시부터 오후 6시까지(또는 오전 8시부터 오후 5시까지) 일반 직장인과 비슷한 시간 동안 근무한다. 수입도 초봉이 월 120만원 선으로 일반적인 직장인 수준이다.

물리 치료사가 되는 길

물리 치료사가 되려면, 먼저 대학에서 물리 치료학을 전공하고 한국 보건 의료인 국가 시험원에서 실시하는 물리 치료 국가시험에 합격하여 자격을 얻어야 한다.

자격 시험 합격률은 평균 80 ～ 90%로 높은 편이다. 그리고 취업률도 의료 분야 전문직인 만큼 다른 학과에 비해서는 높은 편으로 2001년 현재 자격 취득 인원은 1만 8,000여 명, 활동 인원을 8,000여 명 수준(대한물리치료사협회 회원수 기준)이다.

하지만, 물리 치료사는 선진국에서 하루가 다르게 쏟아져 나오는 물리 치료 관련 연구 결과와 논문, 그리고 새로운 의료 기기 등에 대해 공부하지 않으면 후배들의 진출에 의해 밀려나기 쉽다.

배울 수 있는 곳 및 문의처

- 가톨릭대 직업 재활학 전공   032-590-2331
- 건양대 직업 치료학과   0461-730-5114
- 고려대 병설 보건대 물리 치료과   02-940-2700
- 광주 보건대 물리 치료과   062-958-7500
- 대구대 물리 치료학과   053-850-5114
- 대구 보건대 물리 치료과   053-320-1300
- 대불대 물리 치료학과   069-469-1114
- 대전 보건대 물리 치료학과   042-630-5700
- 동신대 물리 치료학과   061-330-3114
- 마산대 물리 치료학과   055-230-1212
- 삼육대 물리 치료학과   02-3399-3636
- 서남대 물리 치료학과   067-620-0114

학원 등 기타

대한 물리 치료사 협회	02-2265-6588
미국 물리 치료 정보	www.kpta.net
한국 보건 의료인 국가 시험원	02-476-2333

미술품 보존 전문가

미술품은 사람과 마찬가지로 숨을 쉬고 있으므로 적절한 영양 공급을 해야 한다.

사람의 피부와 같이 주어진 환경에서 어떻게 관리하느냐에 따라 미술품의 수명이 달라진다.

미술품의 훼손 원인은 물감 등 재료 자체가 화학 물질이기 때문에 주변의 온도, 습도, 진동 등 환경 조건에 민감하게 반응하기 때문이다.

사계절이 분명해 온도 변화가 심하고 장마철이 있는 우리나라 환경에서 가장 전형적인 훼손 형태는 캔버스 뒤의 천이 습도 변화에 따라 늘고 줄면서 생기는 그림의 균일 현상이다.

이 같은 경우 변형된 캔버스 뒷면에 한지를 팽팽하게 만들어 부착시킨 뒤 습도 80~90% 섭씨 30도에 맞춘 습도실에 보관시켜 자연 상태에서 천의 탄력을 키워 준다.

천이 원상태로 돌아오면 그림의 균열 부분이 특수사진 촬영으로만 식별할 수 있는 형광 물질과 물감을 섞은 석고를 바르면 감쪽같이 새 그림이 된다.

물감이 떨어져 나가거나 일부 훼손된 작품 회복은 아교 투입, 밀랍 침투법 등 다양하고 복잡한 절차를 밟게 된다.

이 때, 철저한 사전 진단과 아울러 작가의 물감 사용법과 취향에 이르기까지 완벽한 자료를 수집, 분석하는 것이 필수적이다. 이런 일을 하는 것이 미술품 보존 수리가이다. 프랑스를 비롯한 유럽에서는 최고의 작가와 같은 대우를 받는다고 한다.

아직 우리는 미술품 보존에 대한 인식이 낮은 편이다. 잘 보존돼 깨끗한 그림은 오히려 위작이라고 의심하는 풍토 때문에 캔버스에 먼지조차 털어 내지 않는 것이 작품 노화를 촉진시키는 주 원인이다.

적절한 관리와 보존이 없는 한 예술은 인생보다 훨씬 짧을 수 있다는 것을 명심해야 한다.

앞으로의 전망과 보수

미술품 보존 연구가는 진품 증명이 있는 것만 손을 댄다. 때문에 한 작품을 완전히 복원시켰을 때 어떤 작품은 몇 천만 원에서 몇 억 원까지 호가를 받기도 한다. 그러나 단 한 번의 실수로 고객이 맡겨 준 고액의 그림을 날려 전 재산을 날리기도 한다.

앞으로 그림 시장이 경매로 바뀌면서 그림 애호가들이 늘어나고 시장이 활성화됨에 따라 미술품 보존 연구가의 진가를 발휘할 기회가 많아질 것으로 기대된다.

미술품 보존 전문가가 되는 길

미술품 보존 연구가는 앞에서 지적한 바와 같이 단순히 미술품을 보관하는 일만이 아니고 사라진 작가들의 작품을 찾아 복원시키는 일을 한다.

이러한 작업을 하는 미술품 보존 전문가를 양성하는 특별한 교육 기관은 없다. 다만 미술대나 인문대 미학과를 졸업한 다음, 외국 특히 프랑스에 유학가서 그 방면의 권위자 밑에서 교육을 받는 길이 최선의 길이다.

고도의 정신 집중이 요구되지만, 간혹 미술사에서조차 사라진 작가들의 작품을 찾아 내 복원시킬 때 미술품 보존 전문가들은 작업의 보람을 느낄 것이다.

배울 수 있는 곳 및 문의처

- 미술 문화원   02-730-4949
- 미술관   02-338-4236

바텐더(조주사)

바텐더(bartender)란 직업은 이런 환경 속에서 필요한 직업이다. 외국 영화를 보면 바(bar)가 자주 등장한다. 음악이 나오고 서부 사나이들이 모여드는 곳이다. 춤추는 여배우들의 다양한 표정 속에 분위기가 익어간다. 웃음소리와 자욱한 담배 연기 속에서 손님의 요구가 늘어난다. 그러면 술을 열심히 제공하는 사람이 나오는데 그 사람이 바로 바텐더이다.

술은 스트레스 해소에 기여하는가? 아니면 술이 바로 스트레스의 주요한 원인인가?

이러한 논쟁은 주위에서 쉽게 경험하는 일이다. 인류가 생기고부터 사람과 사람을 연결하여 더욱 돈독하게 만드는 것이 술이라고 할 수 있다. 술을 마시는 사람은 마음이 넓다는 옛말이 있기는 하나 그것은 객관적으로 검증되지 않은 얘기이다. 술을 즐기는 사람들은 색다른 술맛을 찾게 된다.

바텐더는 한마디로 고객의 취향에 맞도록 칵테일을 서비스하기 위해 알콜의 농도, 맛, 향이 각기 다른 술에 음료, 청량 음료를 혼합하여 새로운 맛을 개척하는 사람이다.

바텐더는 술의 맛을 특별하게 만들기 위해 여러 알코올 성분을 혼합시키는 사람이다.

재고 기록을 유지하는 일도 바텐더의 몫이다. 술 사업을 하고자 하는 사람은 일찍이 바텐더로 자신의 일을 한 번 시작해 보는 것도 필요하다. 손님들의 다양한 취향을 바닥에서부터 체험할 수 있기 때문에 더욱 그렇다.

앞으로의 전망과 보수

바텐더(조주사)는 술을 창조하는 사람이다. 섬세한 맛에 대한 감각 때문인지는 몰라도 요즘에는 남성들 못지 않게 여성들의 진출도 뚜렷이 증가하는 추세이다.

손님들과 간단한 농담도 주고받으면서 말벗이 되어 줄 수 있는 성품을 가진 인재라면 바텐더가 될 수 있는 적합한 성격을 갖고 있다고 하겠다.

대형 술집이나 호텔 등에 아예 취직하여 일하는 정규직이 대부분이지만 바텐더는 프리랜서로도 활동한다. 방문한 고객을 자리로 친절히 안내하는 일에서부터 바의 운영을 전담하고 손님들에게 팁도 받기도 하면서 술에 관한 간단한 평가를 해 주기도 한다.

조주 전문 학원을 수료해 이 분야로 나아가거나, 큰 대형 술집의 주방 보조로 취직한 다음 거기서 칵테일 방법을 전문인으로부터 배우는 경우도 있다. 이렇게 도제 형식으로 일정 기간 일을 한 후에는 어느덧 바텐더가 되어 있는 자신을 발견할 것이다.

활달하고 역동적이며 인생을 즐기며 생활하고자 하는 사람들에게 어울리는 직업이다.

보수는 높은 편에 속한다. 자기가 성실하게 생활하고 꾸준히 저축해 간다면 자신의 가게를 갖는 것도 빠른 직종이다.

더욱 더 눈을 넓히면 외국의 호텔, 유람선, 상설 파티장에서도 일할 수 있는 세계적인 직업 중의 하나이다.

호텔은 보수가 높다는 장점 외에도 상여금이나 제반 근무 조건이 좋기 때문에 바텐더에게는 좋은 직장에 속한다. 하지만 이런 곳일수록 취업할 때 자격증을 요구하는 곳이 많음에 유의해야 한다.

자격증이 있거나 경력이 쌓인 사람은 저녁 시간에만 파트타임으로 일 할 수 있는데, 이 때에도 꽤 괜찮은 수입을 올릴 수 있다.

미국 노동성이 분석한 바에 따르면 조주사, 그들 식으론 바텐더가 라디오, TV아나운서, 컴퓨터 오퍼레이터, 경제 학자, 치과의사 등보다 취업이 잘 되는 유망 직종으로 떠올랐다고 한다.

현재만 해도 자격증 없이 기술만 익혀도 취업이 가능할 정도로 일손이 달리는 형편이며, 자격증이 있는 사람은 호텔 등에서 서로 데려가려고 아우성일 정도이다.

우리의 음주 문화는 점점 바뀌어 나가고 있다. 이는 각 주조 업체가 순한 술, 부드러운 술을 개발하려는 경쟁이 치열함을 보아도 쉽게 알 수 있다. 이러한 경향은 물론 바텐더(조주사)의 직업적 전망을 밝게 해 준다.

바텐더가 되는 길

학벌에 구애받지 않고 진출할 수 있는 분야가 바텐더 영역이다.

조주사 자격증이 있다면 호텔 등에 취업하는 데 유리하다. 시험 과목으로는 양주학 개론, 주장 관리 개론, 기초 영어가 있다. 기초 영어는 간단한 대화 정도로 치러진다. 손님들 중에는 외국인들도 많을 것이기에 추가된 과목으로 이해하면 된다. 실기 과목은 술을 배합해서 새로운 맛을 내는 칵테일 실습이다.

조주 기능사 시험은 연 1회 실시되며 대체로 3월 중에 접수를 받아 4월에 필기를, 6월에 실기 시험을 본다.

사설 학원이나 공공 단체에서 개설하는 강의를 이용하면 시험에 필요한 이론과 실기를 쉽게 배울 수 있다.

자격증 시험을 준비하는 사람은 물론 전문 과정 중 바텐더 과정을 택하는 것이 좋은데, 이 과정은 8주 동안 실기와 이론을 교육한다. 대개 짝수 달의 초순에 개강하고 있으며 만 30세 미만의 고졸 이상 학력자를 대상으로, 면접을 통해 선발한다. 독학으로 공부하는 것도 가능하기는 하지만 맛의 완성도를 혼자서는 가늠하기가 힘들다는 단점이 있다. 독학일 경우든 전문가의 지도를 받은 사람이라도 한국 산업 인력 관리공단에 비치된 공개 문제집을 열람해 보는 게 좋다.

배울 수 있는 곳 및 문의처

- 각 시도의 칵테일 교육 학원
- 한국 바텐더 협회   02-532-9644
- 한국 칵테일 아카데미
- 한국 산업 인력 관리공단   02-3271-9081~5

벤처 컨설턴트

90년대부터 시중에 회자되기 시작한 벤처는 2001년 이후 최대의 성황기를 이루고 있다.
벤처 컨설턴트가 담당하는 업무는 벤처 기업의 창업 및 경영의 전 과정을 포괄한다.

창업 과정에서는 창업 절차의 대행, 사업 타당성 분석, 창업 아이템 발굴, 사업 계획서 작성 대행, 벤처 기업 확인, 연구소 설립, 병역 특례 업체 지정 등의 일을 한다. 그리고 경영 과정에서는 투자 유치 알선, 경영 전략 수립, 세무 회계 대행, 기술 개발 자문, 지적 재산권 위탁 관리, 전략적 제후 및 M&A 알선, 마케팅 홍보 대행 등의 일을 하게 된다.

벤처 컨설턴트가 근무하는 곳은 창업 상담 회사나 창업 지원 센터, 창업 투자 회사 등이며, 어느 정도 경력이 쌓이면 창업 상담 회사의 창업도 가능하다.

근무 환경은 지식 서비스업의 특성상 매우 쾌적한 편이나 항상 새로운 기술과 정보를 추구하기 위해 끊임없이 자기 개발을 해야 하는 어려움도 있다. 특히 창업 초기의 벤처 기업은 부침이 심하고, 한국의 특성상 술자리와 같은 피하기 힘든 일도 많아 스트레스가 많은 편이다.

앞으로의 전망과 보수

수입은 근무하는 회사나 능력에 따라 상당한 차이가 있지만 일정 규모 이상의 창업 투자 회사는 대졸 초임의 연봉이 2,000~2,500만 원 사이로 높은 편이며, 지명도가 높은 벤처 컨설턴트는 독립하여 억대가 넘는 수입을 올리는 경우도 적지 않다.

과학 기술에 대한 폭넓은 지식을 갖고 있는 사람, 중소 기업 경영 전반에 대한 이해가 있는 사람, 논리적 분석력이 뛰어난 사람, 대화를 좋아하고 친화력이 있는 사람, 미래에 대한 예지력이 뛰어난 사람, 새로운 분야에 대한 지적 호기심이 많은 사람 등 앞의 내용 중 세 가지 이상에 해당하는 사람은 일단 벤처 컨설턴트로서의 기본적 자질을 갖췄다고 보아도 좋다.

또한 항상 새로운 정보를 추구해야 하는 벤처 컨설턴트는 정보 검색을 위한 인터넷 활용술과 영어 등 외국어에 대한 능력도 필수적이며, 여기에 지식 서비스업의 특성상 깔끔한 용모와 친밀감 있는 말솜씨, 안정된 문장력 등도 준비해야 한다. 이런 조건과 함께 어떤 어려움도 극복할 수 있는 인내력과 체력을 겸비하고 있다면 금상첨화다.

벤처 컨설턴트가 되는 길

벤처 컨설턴트가 되기 위한 특별한 자격증이나 교육 과정이 있는 것은 아니다. 다만, 첨단 신기술에 대한 폭넓은 지식과 함께 기업 경영 전반에 대한 이해가 필수적으로 요구된다.

또한 벤처 컨설턴트가 되기 위해서는 먼저 과학 기술의 흐름을 읽을 수 있을 정도의 과학적 지식과 함께 창업 절차, 법무, 경영 전략 수립, 사업 타당성 분석, 지적 재산권 관리, 투자 유치, 마케팅 세무 회계 등 기업 경영 전반에 대한 폭넓은 안목과 경험이 있어야 한다. 원만한 대인 관계와 상담술도 벤처 컨설턴트가 되기 위한 필수 요건이다. 그래서 벤처 컨설턴트 중에는 대기업의 연구원이나 과학 기술 전문기자 또는 금융 기관 출신자가 많다.

일반적으로 벤처 컨설턴트가 되기 위해서는 정보 통신이나 전자 공학, 생명 공학 등 이공 계열을 졸업한 후 대학원에서 경상 계열을 전공하는 것이 가장 유리하며, 벤처 창업 상담 회사나 창업 투자 회사, 창업 지원 센터 등에 입사하는 것이 벤처 컨설턴트가 되는 지름길이다. 또한 변리사나 공인 회계사, 경영

지도사 등의 자격증이 있다면 더욱 유리한 입지를 확보할 수 있다.

최근까지 국내 대학에는 벤처 기업을 특화하여 연구하고 교육하는 과정이 존재하지 않았다. 따라서 1세대 벤처 컨설턴트는 창업 투자 회사, 금융 기관, 중소 기업 지원 기관, 대기업 연구소, 과학 기술 전문지 등에서 근무하던 사람들이 주로 벤처 컨설턴트로 활동하고 있다.

배울 수 있는 곳 및 문의처

- 숭실대 중소 기업 대학원   02-820-0114
- 중소 기업 진흥 공단   02-783-5539
- 중소 기업청   042-481-4352
- 한국 경영 컨설턴트 협회   02-569-8121
- 한국 과학 기술원 테크노경영 대학원   042-869-2114
- 한국 능률협회   02-3786-0114
- 한국 생산성 본부   02-724-1114

보석 디자이너

부와 아름다움을 상징하는 보석, 하지만 디자인과 세공을 거치지 않은 원석은 돌덩어리에 불과하다. 보석 디자이너의 아이디어가 빛나는 디자인과 섬세한 세공 과정을 거쳐야만 원석은 보석으로서의 진가를 발휘하게 된다.

보석 소비량 세계 5위, 다이아몬드 소비량 세계 3위를 차지하고 있을 만큼 우리나라에서 보석은 각광받는 상품이다. 그러나 그에 반해 보석 디자인은 아직 미개척 분야이다. 따라서 보석 디자이너는 남다른 재능과 열심히 하고자 하는 각오만 돼 있다면 자신의 능력을 맘껏 발휘할 수 있는 전문직이다.

사무실에서 근무하고 출퇴근 시간이 정해져 있다는 면에서 근무 환경은 일반 기업체와 비슷하다. 업무 특성상 해외 출장이 잦고 종종 밤샘 근무도 하게 된다.

앞으로의 전망과 보수

보석 디자인 전문 회사에 입사해서 받는 월 수입은 100만 원에서 130만원 사이지만, 경력과 실력이 쌓이면 수입이 늘어나게 되는데 3년차 보석 디자이너가 되면 월 180 ~200만 원 정도 받게 된다. 그러나 엄밀히 말해 보석 디자이너는 철저히 자신의 능력에 따라 수입이 달라지는 전문직이다. 보석 디자인이 고부가가치 산업이라고 하는 이유가 여기에 있다고도 할 수 있다.

보석 디자이너가 되는 길

보석 디자이너가 되려면 크게 대학의 금속 공예학과나 보석 디자인 학과를 졸업하는 방법과 사설 학원에서 보석 디자인 과정을 수료하는 방법, 이렇게 두 가지가 있다.

전문 교육 기관이 생기기 전에는 4년제 대학 금속 공예학과에서 교육 과정의 하나로 귀금속 공예와 세공 과정을 배울 수 있었다. 그러나 점차 보석 디자인의 중요성이 부각되면서 보석 디자이너라는 직업도 특화되기 시작했다. 1990년 대 초 전문대학의 보석 디자인과와 보석 디자인 전문 사설 학원 등의 교육 기관이 등장하게 된 것도 같은 맥락으로 볼 수 있다.

전문 교육을 받은 뒤 디자인 회사에 입사를 하게 되면 일정한 수습 기간을 거쳐 디자이너로 활동하게 된다. 이 밖에 귀금속 매장, 귀금속 세공 공방, 또는 자신이 직접 공방을 운영할 수도 있다.

그러나 보석 디자인 관련 교육 기관이 증가하고 지망생들이 다수 몰리면서 수요에 비해 공급이 턱없이 많아져 취업이 쉽지 않은 것이 현실이다. 따라서 자신의 소질을 따져 보지 않고 인기 직종이라고 해서 무턱대고 뛰어들 경우 아까운 시간과 돈만 허비할 수도 있다.

6개월 과정의 관련 학원 과정을 이수한 사람 중 80% 정도가 취업을 하지 못하는 것이 지금의 현실이다.

나머지 20% 중에서도 몇몇은 현실에 적응하지 못하고 중도에 포기하는 경우가 많다. 자신이 정말 하고 싶은 일인지, 남들이 좋다고 해서 무작정 하려고 하는 건 아닌지 자신의 적성과 소질을 잘 생각해 보고 결정해야 할 것이다.

배울 수 있는 곳 및 문의처

- 한국 보석 학원　　　　　　　02-755-3600
- 안성 여자 기능 대학　　　　　031-150-7302
- 경기 직업 전문 학교　　　　　031-350-3120
- 경성대 금속 공예 디자인학과　051-622-5331
- 서울 산업대 금속 공예 디자인학과　02-970-6114

사회복지사

사회 복지사란 생활 보호 대상자, 지체 부자유자, 무의탁 노인 등 정신적, 육체적, 재정적인 도움을 필요로 하는 사람을 지도하고 상담하며 지원을 하는 전문인이다. 이들은 일반적으로 전국의 사회 복지관이나 장애자를 수용, 교육하는 재활원 또는 정부 산하 관련 기관에서 일하는데 일하는 곳이 다른 만큼 업무의 내용도 다양하다.

지역의 사회 복지 시설에서 근무하는 사회 복지사들은 지역 주민들의 복지를 위해 국가와 시에서 준비한 프로젝트를 진행하면서 도움이 필요한 사람들과 후원 기관을 연결하는 일을 하게 되며 전국의 읍, 면, 동사무소에서 활동하는 사회 복지사들은 주로 생활 보호 대상자에 대한 사회 복지 업무를 담당한다.

또한 사회 복지 기관이나 시설의 성격에 따라서는 미혼모의 산전 산후 건강 관리, 고아나 소년 소녀 가장의 보호, 입양 아동에 대한 위탁 가정 보호, 청소년 상담, 노인 복지 증진 업무 등을 전문적으로 담당하기도 한다.

사회 복지사는 신체적, 정신적 장애나 저소득층과 노인 등 어떤 의미에서 문제를 가진 사람을 대상으로 일해야 하기 때문에 세심한 배려와 봉사 정신이 요구된다. 하지만 그보다 더 중요한 것은 사회 복지에 대한 적극적인 열의와 전문인으로서의 직업 의식이라 할 수 있다. 복잡한 사회 문제를 봉사 차원에서 해결할 수는 없기 때문이다.

사회 복지사는 전문 대학이나 대학에서 사회 복지 관련학과를 전공하거나 보건 복지부 장관이 지정하는 교육 훈련 기관에서 일정 기간의 교육 과정을 이수해야 자격이 주어진다.

앞으로의 전망과 보수

사회 복지사는 각 시도별로 이루어지는 사회 복지 전문요원(별정직 7급 공무원) 공개 채용이나 학교의 추천에 의해 각종 사회 복지관이나 장애인 재활 시설에 취업하게 되는데 급여 수준은 대졸자 초봉이 100 ~120만 원 정도이며, 공무원의 경우에는 공무원 급여 체계에 따른다.

보수가 결코 많지는 않지만 남을 돕는 일인 만큼 보람을 찾을 수 있으며 앞으로 복지 국가를 지향하는 추세 속에서 사회 복지 시설이 늘어난다면 사회 복지사에 대한 수요도 당연히 늘어날 것이며, 사회 복지 정책의 향상에 따라 대우도 또한 호전될 것으로 보인다.

사회 복지사가 되는 길

사회 복지사가 되려면 전문 대학이나 대학에서 사회 복지 관련학을 전공해야 한다. 사회 복지 관련학을 전공하지 않았거나 고졸자의 경우에는 보건 복지부 장관이 지정하는 교육 훈련 기관에서 일정 기간 교육 과정을 이수하면 사회 복지사 자격증이 주어지는데 보건 복지부 장관이 지정하는 교육 훈련 기관으로는 국립 사회 복지 연수원이 있다.

국립 사회 복지 연수원에서는 매년 상반기와 하반기 두 차례로 나누어 교육을 실시하는데 상반기에는 고등학교 졸업자를 대상으로 6개월, 하반기에는 전문 대학 이상 졸업자를 대상으로 3개월을 교육한다. 연수원에 입학하려면 서류 심사, 필기 시험 및 면접을 통과해야 하는데, 필기 시험 과목은 사회 복지학 개론과 일반 상식이며 교육은 무료이다.

사회 복지사 자격증이 있어야만 사회 복지 시설에서 일할 수 있는 것은 아니지만 자격증을 취득해 두는 것이 좋다.

사회 복지사 자격증은 1급과 2급, 3급으로 나누어지는데 1급은 대학에서 사회 복지학 또는 사회 복지 관련학을 전공하거나 사회 복지사 2급 자격증 소지자로서 5년 이상 사회 복지 관련 기관에서 근무한 자에게 주어진다.

2급은 전문 대학의 사회 복지학 또는 사회 사업학과를 졸업

한 자로서 보건 복지부 장관이 지정하는 교육 훈련기관에서 4
주 이상의 사회 복지 사업에 관한 교육 훈련을 이수하거나 사
회 복지사 3급 자격증 소지자로서 5년 이상 사회 복지 관련 기
관에서 근무한 자에게 주어진다.

3급은 고등학교 졸업자로서 보건 복지부 장관이 지정하는
교육 훈련 기관에서 24주 이상 사회 복지 사업에 관한 교육훈
련을 이수한 자에게 주어진다.

배울 수 있는 곳 및 문의처

- 한국 사회 복지사 협회   02-786-0190
- 국립 사회 복지 연수원   02-463-8331

사회 조사 분석사

제품을 생산할 때 어떤 물건을 얼마만큼 생산해야 할지 주먹구구식으로 기획하는 것보다는 철저한 시장 조사를 통해 판매율을 높이고자 하는 목적으로 출발한 것이다. 여론 조사를 통한 통계들은 내용이 흥미롭고 한눈에 알아보기 쉽기 때문에 사회 여러 분야에서 다양한 매체를 통해 확산되고 있고, 이를 전문적으로 담당하는 전문 조사 회사들이 증가하고 있는 추세이다.

전문 조사 회사는 기업체나 관공서, 언론 매체 등의 조사 업무를 대행하고 이 조사를 바탕으로 결과를 보고하는 일을 담당한다. 전문 조사 회사는 보통 연구부와 지원부로 나뉘는데 연구분에서 조사를 의뢰한 회사의 의견을 수렴하여 조사 목적을 세우고 방향을 잡으면 지원부에서는 설문지나 전화와 같은 도구를 이용하여 자료를 수집한다. 이렇게 수집된 자료는 다시 연구부에서 종합하여 통계 처리하고 이를 바탕으로 결과를 분석하여 보고서를 작성하게 된다. 그리고 마지막으로 의뢰 회사에 결과를 브리핑하면 조사의 전과정이 끝나는데, 조사가 진행되는 동안 계속해서 의뢰 회사와 의견을 조정해야 조사의 목적에 부합하는 결과를 얻을 수 있다.

조사 업무는 기회에서부터 도구 설정, 자료 수집, 통계 처리까지 단시일에 처리해야 하므로 작업량이 많은 편이다. 특히, 연구원들은 마감일이 가까워지면 보고서 작성과 브리핑 준비로 회사에서 며칠씩 꼬박 밤을 새워야 한다. 그러나 자신이 조사한 결과가 의뢰 회사의 의사 결정에 중요하게 반영되거나 방송이나 신문, 잡지를 통해 대중에게 알려져 이목을 끌었을 때 느끼는 희열은 모든 고통을 잊게 할 정도라고 한다.

앞으로의 전망과 보수

업무가 전문적이고 작업량이 많은 만큼 보수는 대졸 사원의 경우 초봉이 연 1,800~2,000만 원, 대학원을 졸업한 경우는 2,300~2,500만 원 정도로 일반 대기업 수준 이상이다.

사회 분석사가 되는 길

조사 전문가가 되기 위해서는 대학에서 경영, 통계, 신문방송, 광고, 심리, 사회학을 전공하면 유리하다. 전문 조사 회사에서는 대학원 이상의 학력을 선호하기도 하는데, 학위 논문을 쓰는 과정에서 여론 조사나 통계 처리 등을 경험하기 때문이다. 그러나 학부 졸업생도 사회 조사에 관심이 있는 사람이라면 충분히 도전할 수 있다. 따라서 학부 시절에 설문 조사 아르바이트 등을 적극적으로 하게 되면 취업에 도움이 되기도 한다.

채용 모집은 결원시 수시 채용하는 경우가 많으며, 사원 수가 200명이 넘는 대규모 조사 회사에서는 서류와 면접 외에 필기 시험(영어, 논술) 또는 면접시 원서 번역을 실시하기도 한다.

배울 수 있는 곳 및 문의처

- 노동부   4123.net/molab/molab02.html
- 리서치회사소개   www.recruit.co.kr
- 코리아리서치센터   www.kric.com
- 한국갤럽조사연구원   www.galup.co.kr
- 한국정보개발원   www.statistics.co.kr

숍 마스터

숍 마스터는 백화점 등 매장의 판매와 관리를 책임지는 전문이다. 매장의 판매 목표를 세우고 세워진 매출 목표를 완수하도록 판매 사원들을 지도하고, 매장을 찾은 소비자(고객)에게 알맞은 상품을 골라주고 그 상품을 사도록 유도한다. 새 상품의 소비자 반응을 알아내고 매장에 부족한 상품을 주문하고 상품을 디스플레이하고 매장의 판매 등을 기록하는 등 매장의 판매를 전부 책임지는 것이다.

각 매장에서의 판매와 소비자가 반응을 알아내서 본사나 본점의 새 상품 기획회의나 판매 전략 회의에 참여해서 각 매장의 입장과 소비자 반응 등을 보고하고 더 많이 판매할 수 있는 판매 전략과 판매 촉진 방법을 내놓기도 하고 이런 전략들을 수행하기도 한다.

현재 오랫동안의 판매 경력을 갖고 판매 실적이 우수한 판매사원들이 숍 마스터로 일하고 있다. 이들은 입사했을 때부터 판매사원으로 일하며 매장의 숍 마스터가 된 사람들이다. 오로지 판매 실력에 의해 성공한 것이다.

백화점 등의 유통업체나 큰 의류 산업체에서는 숍 마스터를 교육하고 양성하는 교육 프로그램을 실시함은 물론이고 유통대학을 세우는 등 자사의 독특한 판매술을 개발 교육하고 있다. 현재 각 유통업체는 사내 유통 대학을 속속 신설하고 있다. 신세계 백화점, 한양 유통, 롯데 백화점이 유통 대학을 설립, 판매 사원을 교육, 훈련하고 있으며 다른 업체들도 설립 준비를 하고 있다. 유통 시장의 완전 개방이라는 엄청난 파고에 대비하여 업체들은 판매 사원의 대우와 교육에 만전을 기울이고 있다.

유통업체나 의류 판매에 있어서 없어서는 안되는 귀중한 직종이 바로 이 숍 마스터이다. 일단 숍 마스터가 되었다 하면 동종 업계의 스카웃 대상 1호가 되고 회사에서 받는 보수나 교육, 해외 연수 등의 혜택이 많이 있다.

앞으로의 전망과 보수

숍 마스터의 보수는 별도로 정해 있지 않으나 대기업의 마케팅부나 판매 기획부의 부장 대우이다. 따라서 대우는 월 350 ~ 400만 원선이며, 판매 수당을 별도로 지급하는 회사도 있다.

숍 마스터가 되는 길

숍 마스터가 되기 위해서는 우선 판매 사원을 필요로 하는 유통업계(백화점 등)나 의류 판매업체에 입사하는 것이 방법이다. 판매 사원이 되어 열심히 노력하고 나름대로의 판매 기술을 익히고 판매만 잘 한다면 숍 마스터가 될 수 있다. 백화점 업계나 의류업계는 정기 신입사원 모집 이외에도 수시로 채용한다.

판매 사원에서 숍 마스터가 되는 데는 실력과 경력이 필요하다. 몇 년이 지나야 승진할 수 있는 관리직이나 사무직과는 달리 자신의 실력에 따라 곧 숍 마스터가 될 수도 있고 영원히 되지 못할 수도 있다. 비록 고졸 학력자라도 판매 사원으로서의 실력만 있다면 숍 마스터로 승진할 수 있다.

숍 마스터를 꿈꾸는 사람이라면 유통업계나 의류 패션 산업체 중 동종 업계에서는 최고로 인정받는 곳에 입사할 것을 권한다. 이유는 최고인 회사가 최고의 판매 기술을 가르쳐 주기 때문이다. 각 회사마다 나름의 독특한, 효과적인 판매 기술을 확보하려고 노력한다. 그 분야에서 최고라고 인정되는 회사가 역시 가장 우수한 판매 기술과 노하우를 가지고 있다. 그 곳에 취업해 이 분야의 꽃인 숍 마스터가 될 수 있다. 최고의 회사에서 숍마스터가 된다면 누구나 높은 보수와 많은 혜택을 받게 된다.

배울 수 있는 곳 및 문의처

- 각 유통업체(백화점, 슈퍼 등)의 인사부

스크립터

방송의 모든 프로그램은 제작진의 철저한 기획에 의해 만들어지는데 여러 스탭 중 프로그램의 내용, 즉 원고를 작성하는 사람을 방송 작가라 한다. 방송 작가는 크게 드라마 작가와 스크립터(구성 작가)로 나뉘는데, 스크립터는 교양이나 다큐멘터리 오락 프로그램 작가를 가리키는 말이다.

이들은 프로그램의 사회자와 출연진들의 멘트 대본을 작성해 주는 일을 맡는 동시에 오락 프로그램의 경우 진행상 필요한 각종 게임을 고안해 내기도 한다. 간혹 음악 프로그램에 신청 엽서를 보내 오는 청취자 수가 적을 때에는 아예 그 엽서까지 대신 써 주는 순발력도 발휘한다. 한 마디로 방송에 나오는 모든 언어들을 책임지고 만들어 내는 직업인 것이다. 이들을 가리켜 스크립터라고 한다.

스크립터는 요즘 여대생들이 선망하는 직업 가운데 1위를 차지할 만큼 인기 있는 직종이다. 시간 활용이 자유롭고 능력에 따라 수입이 보장되는 직업이라는 점에서 결혼 후에도 계속할 수 있는 전천후 프리랜서 직종이라 할 수 있다.

스크립터라는 명칭은 원래 「SCRIP WRITER」라는 말에서 유래된 일본식 조어로, 자료를 모으고 정리하는 일을 뜻한다. 이 직업의 매력을 한 마디로 표현한다면 개방적이고 융통성 있는 직업이라 하겠다.

앞으로의 전망과 보수

일정한 월급이 없고 퇴직금이 없다는 점에서 불안정한 직업이 될 수도 있겠으나 그 또한 능력 있는 프리랜서라면 크게 걱정할 바가 못 된다. 흔히 방송사엔 '일거리는 많은데 인물은 적다'는 얘기가 심심찮게 떠돈다. 일거리가 많은 현장에서 일단 「인물」로 인정받기만 하면 일거리와 보수는 얼마든지 보장되는 게 방송 일이다.

방송국에서 역량을 인정받는 베테랑급 스크립터라면 연간 3,000~4,000만 원의 계약금에다 별도의 원고료를 받는다. 고정적인 프로그램 하나만 잡아도 원고료 수입은 월 평균 200만 원 이상이 가능하다.

최근 들어 유선 방송이 활성화되고 외부 방송 제작 기관인 사설 프로덕션이 큰 폭으로 늘어나면서 인력 수요가 급증하고 있다. 반면 지망생 수효도 급증가하면서 경쟁률 또한 치열해지고 있다.

방송 언어는 우리가 일상 생활에서 쓰는 언어처럼 자유로워야 하며 그런 가운데서 단 몇 초라도 어색한 공백이 있어서는 안된다.

이 자연스러움과 공백 처리에 능숙한 사람은 베테랑에 속하는데, 그런 경우엔 각 방송사간의 스카웃 대상자로 떠오르기도 한다.

스크립터가 되는 길

스크립터의 또 다른 장점은 전공이나 학점, 연령 등의 자격 제한이 없다는 점이다. 남녀 차별도 없고 외모를 따지지도 않는다. 다만 호기심과 창조적 두뇌, 글 솜씨만 있으면 누구나 도전해 볼 수 있는 직업이다.

방송을 시청하면서 한 번쯤 '나라면 저렇게 만들지 않았을 텐데…' 하고 생각해 본 사람이라면 충분히 스크립터로서의 가능성이 있다. 그런 사람이라면 망설이지 말고 그 프로가 왜 마음에 들지 않는지, 나라면 어떻게 만들 것인지를 적어서 기획자에게 보내 보시라. 그런 것을 곧 모니터 소감이라고 하는데 방송국에선 수시로 시청자들을 대상으로 모니터 소감을 공모

하고 있다. 현재 국내 방송사에선 MBC와 SBS만이 일 년에 한 차례씩 스크립터 공채 시험을 실시하고, 그 외는 대부분 스크립터 유동 인구가 생겨날 때마다 수시로 모집하고 있다.

배울 수 있는 곳 및 문의처

- 한국 방송 작가 협회 교육원　　02-780-0003
- KBS 문화 사업단　　02-781-8181~6
- MBC 아카데미　　02-2240-3800
- SBS 방송 아카데미　　02-700-4332
　　034-910-6322

소믈리에

원래 「소믈리에」란 식료품 보관사나 술을 나르는 급사 정도의 의미를 지닌 명칭이지만 현재는 감정과 추천, 관리, 판매에 이르기까지 그야말로 와인의 모든 것에 정통한 사람들을 가리켜 쓰이고 있다.

술의 여왕 와인은 그 종류만큼 다양한 맛과 향을 지니고 있다. 어떤 와인이 가장 좋은 와인인가란 물음은 어리석은 질문이다. 왜냐 하면 좋은 와인은 음식에 따라 맛이 달라지기 때문이다.

물론 프랑스 지방에서 생산되는 「페트러스」나 「샤토라피트로트쉴드」 「샤토마고」처럼 우쭐한 명성의 와인이 있기도 하다.

일반적으로 고기와 생선 요리에 따라 크게 적, 백포도주로 나뉘지만 같은 고기요리라도 육질과 부위 소스에 따라 어울리는 포도주가 다르다.

예를 들면 생선 요리와 어울리는 화이트 와인은 고기 종류보다는 어떤 소스를 쓰느냐에 따라 달라진다. 진한 소스는 그에 맞춰 「프이퓌쉐」 같은 강한 맛의 와인이, 약한 소스에는 「프이퓌메」나 「샹제르」 같은 부드러운 와인이 좋다.

이렇게 식가에 따른 와인의 추천과 선택이 끝나면 진짜 실력이 필요한 감정 작업에 들어간다.

와인의 감정은 마실 때와 마찬가지로 눈으로 보고 코로 향기를 맡고 혀로 맛을 보며 몸으로 느끼는 순서를 밟는다.

한 마디로 온몸의 감각이 총동원되는 총체적 작업이다.

소믈리에게는 독한 술과 진한 커피, 담배가 금물이며 특히 향기를 맡는 소믈리에게 있어 섬세한 후각은 실력을 가늠하는 우선 조건이 된다.

원숙한 소믈리에라면, 한 포도주를 놓고도 포도 원래의 향기와 숙성 중에 생긴 향을 분리해서 맡을 수 있고 그 복잡한 특성을 일일이 가려 맡을 수 있어야 한다. 일본에서는 이미 소믈리에 자격증 시대가 열려 각광받는 직업으로 인정받고 있다.

앞으로의 전망과 보수

한류의 영향을 동반하여 외국 관광 유치가 활발해지면서 소믈리에 직도 나날이 번창할 전망이다.

와인에 대한 현대인들의 관심은 나날이 상승하고 있으며, 또한 와인에 대한 소비형태가 레스토랑 뿐 아니라 일반 가정에서의 소비와 급격히 증가하고 있는 와인빠의 등장은 국내의 와인산업이 본격적으로 시작되었다고 해도 과언이 아닐 것이다.

소믈리에가 되는 길

국내에서 인정받은 교육기관으로는 소믈리에아카데미닷컴, 마산대학 국제 소믈리에과, 쉐죠이, 각테일 나라 아카데미 등이 있다.

한국 소믈리에협회에서 주관하는 소믈리에 자격은,

1. Sommelier : On Premise에 종사하고 있는자에 대한 자격(호텔 식음부서, 레스토랑등)

2. Wine Adviser : Off Premise에 종사하고 있는 자에 대한 자격 (주류수입,도매,와인점,백화점등의 주류코너등)

몇 년 전만해도 전문 교육기관이 없어 거의가 호텔 식당에서 스스로 연구하고 터득한 사람들이다. 와인 감식에 있어서 국내 제 1의 감각을 지닌 소믈리에 K씨는 현재 신라 호텔 프랑스 식당 식음 과장이다.

그른 서울 엠버서더 호텔을 거쳐 플라자 호텔에서 처음으로 소믈리에를 시작했다. 그는 그 당시 불모지나 다름없는 것이기 때문에 그 식당을 찾은 프랑스 사람들에게 물어 가며 와인의 세계를 익혔다.

배울 수 있는 곳 및 문의처

- 한국 호텔 관광 전문 학교
- 서울 현대 전문 학교 와인과
- 인천 문예 전문 학교
- 서울 호서 전문 학교
- 와인나라 아카데미

아동놀이 지도 강사

아동놀이 지도 강사란 유아 교사와 레크리에이션 지도자를 합한 직업이라고 말할 수 있다. 아동을 대상으로 한 레크리에이션 지도자라고도 할 수 있고 유아 교사 중 레크리에이션을 전문으로 하는 특수교사라고도 할 수 있다.

독자 중에 영화 「마이키 이야기」를 본 적이 있을 것이다. 이 영화에서 주인공 쥰 트라볼타가 마이키를 데리러 놀이 센터에 갔다가 어린이들과 함께 신나게 놀이를 하는 장면을 기억할 것이다. 이곳이 우리나라의 유아원이나 유치원과는 다른 어린이 놀이원이다. 이곳에서는 어린이들이 공부를 하는 것이 아니라 논다. 놀이를 통하여 어린이들이 배우는 곳이다. 이곳의 지도 교사가 아동놀이 지도 강사이다.

아동놀이 지도 강사는 어린이들과 노는 것이 주 업무이다. 어린이들과 함께 논다는 말에는 다음과 같은 의미의 업무가 포함된다.

    - 유아와 어린이 그룹의 연령에 맞는 놀이를 선정한다.

- 그 놀이에 맞는 놀이 기구와 놀이감 등을 준비한다.
- 유아와 어린이들에게 그 놀이 방법을 잘 설명한다.
 (경우에 따라 어린이와 부모 모두에게 지도한다)
- 놀이 시범을 보인다.
- 유아나 어린이들로 하여금 해보게 한 다음 잘못 이해되었거나 잘 못 하는 것을 교정해준다.
- 그 다음은 어린이와 함께 하나가 되어 열심히 논다.
- 놀이가 끝난 후 놀이기구 등을 어린이들이 치우고 정돈할 수 있 게 지도한다.
- 그 놀이 학습을 평가 분석한다.
- 아동의 보호자들에게도 놀이 방법과 교육적 의미 등을 지도한다.

이들 놀이원의 경우 부모를 놀이 교육의 중요한 대상으로 삼는다. 따라서 놀이 교육 시간의 경우 어린이와 부모가 함께 놀이 프로그램에 참여한다. 이상의 일을 책임지고 수행하는 사람이 아동놀이 지도 강사이다. 유아 교사와 놀이 지도자의 전문 역할을 동시에 수행하는 것이다.

앞으로의 전망과 보수

이제까지 우리는 놀이라는 것을 아주 부정적으로 인식해왔다.
"놀지 말고 어서 공부해."

"아니 공부는 않고 놀기만 했어."라는 말속에서 우리는 「놀이」를 별 볼일 없고 해서는 안 되는 금지해야 하는 행위 등으로 인식했다.

그러나 「놀이」는 가장 창조적인 교육 방법이라는 사실을 많은 유아 교육 교수들이 주장해 왔다. 놀이는 창조적인 교육이라고 배워 온 많은 이들이 어머니가 되면서 이들 젊은 엄마들은 「놀이」를 지도하는 곳을 원하고 있다. 이들 젊은 엄마들은 대개 고학력의 중산층으로서 획일화된 주입식 유아 교육이 아닌 양질의 놀이 교육을 원하고 있다.

아동놀이원이 최근 우리나라에도 하나, 둘 생겨났다. 이 놀이원은 기존의 유아원이나 유치원 프로그램과는 다른 양질의 놀이 프로그램을 제공하고 있다. 이 놀이원에서 전문적으로 놀이 프로그램을 개발하고 그 놀이 교육 프로그램을 운영하는 사람이 여기 소개한 아동놀이 지도 강사이다.

현재 선진국의 경우 유아 교육을 전공한 사람으로 놀이 프로그램 개발자가 이 일을 담당하고 있다.

이 일을 하고 있는 교사의 경우 기존 유아원이나 유치원과는 달리 4년제 유아 교육 전공자나 아동 전공자가 담당하고 있어 양질의 놀이 교육 프로그램을 제공하고 있다. 현재 이 놀이원은 이 같은 놀이 교육 프로그램과 이를 실시하는 놀이원을 전국에 확대 보급 발전시키려고 하기 때문에 4년대 졸 이상의 전공자를 놀이프로그램 개발자로 채용하여 연구직으로 활용하고 있다.

앞으로 이 놀이원이 많이 확산된다면 유아 교사 자격증 소지자도 놀이 교육 프로그램을 연수받아 아동놀이 지도자로 활동할 수 있으리라 본다. 앞으로 이런 놀이원은 속속 생길 것으로 전망되고 기존의 놀이방과 유아원, 유치원 등에서 정기적인 교육 프로그램으로 놀이 프로그램을 전담하는 전문 아동 놀이 지도 강사를 채용하거나 출장 등을 요구하게 될 것으로 보인다.

아동 놀이 센터는 많은 젊은 엄마들이 바라는 만큼 그 수가 많지 않다.

이런 변화와 사태를 맞아 기존의 유아원이나 유치원에서 아동놀이 프로그램을 도입하려고 하고 있다. 현재는 아동 놀이 지도강사가 태부족하다.

취직을 어디에 하느냐에 따라 다르다. 유아원이나 유치원에 취직을 한다면 유아교사로서의 월급을 받게 되고 레크리에이션 업체에 취직을 하면 레크리에이션 지도자로서의 보수를 받을 수 있다.

유치원 등에 취업을 할 경우 레크리에이션 지도자 자격 수당 정도를 더 받을 수 있다. 마찬가지로 레크리에이션 업체에 취업을 할 경우 레크리에이션 지도 대상이 유아라는 특수한 대상이므로 다른 사람보다는 많은 보수를 받을 수도 있다. 현재 아동놀이원에 근무하는 아동놀이 지도의 경우 기존의 유아원(유치원 포함)보다 많은 보수를 받고 있다.

아동놀이 지도 강사의 경우 자기 스스로가 전문 아동놀이 센터를 운영하는 것이 가장 좋다. 기존의 유치원이나 유아원의 교육이 아닌 어린이들이 놀이를 통하여 배울 수 있는 곳을 많은 어머니들이 원하기 때문이다. 어린이들이 노는 기회가 부족하다고 염려하는 어머니들에게 아주 환영받을 수 있는 곳이 아동놀이 센터이다. 이런 센터를 운영하게 되면 기존의 놀이방이나 유아원보다는 더 많은 수입을 올릴 수 있다.

아동 놀이 지도 강사가 되는 길

현재로서는 아동놀이 지도 강사는 유아 교사 자격도 갖고 레크리에이션 협회 지도자 자격증도 따야 취업이 가능하다.

레크리에이션 지도자 자격은 한국 레크리에이션 협회 명지 실업 전문대, 사회 교육원, 신문사 문화 센터 등에서 실시되는 레크리에이션 지도자 교육 과정을 밟으면 취득할 수 있다. 레크리에이션 지도자 교육에 관한 문의는 아래 단체로 하기 바란다.

배울 수 있는 곳 및 문의처

- 한국 레크리에이션 협회   02-416-4347
- YMCA 레크리에이션   02-735-9735
- 명지 실업 전문대 사회 교육원
- 보육 교사 교육원   02-926-9083

액세서리 디자이너

액세서리라고 하면 일반적으로는 복식 액세서리, 특히 옷에 덧붙인 부속품, 장식품, 장신구, 트리밍 등의 복식 부속품을 가리키지만 장신구만을 가리키는 경우가 대부분이다. 액세서리 사용법은 시대에 따라 다르다.

현대에는 단순히 의복을 입는 것에서 벗어나 종합적인 자기 표현 방법으로써 패션을 파악하게 되었고 디자이너도 액세서리 디자인을 빼놓고는 작품을 생각할 수 없게 되어, 「토탈 패션」이라는 말로써 액세서리를 포함한 디자인을 총칭하게 되었다. 동시에 액세서리라는 용어는 단지 패션에만 한정되지 않고 품 액세서리, 오디오 액세서리, 카메라 액세서리 등 그 개념을 넓혀 일상적인 디자인으로 확대되었다.

요즘 액세서리를 하지 않은 여성은 없다. 누가 더 많은 액세서리를 했는가 하는 정도의 차이만 있을 뿐이지, 누구나가 액세서리를 필수적인 패션의 하나로 간주하고 있다. 이런 경향이 일반화되면서 남자들 사이에서도 이미 액세서리가 자연스런 패션의 일부로 자리잡고 있다.

액세서리가 주로 귀금속으로 만들어지던 시대는 이미 지나 갔다. 귀금속이 액세서리의 주재료로 쓰여졌던 과거에는 액세서리 용품이 금이나 보석처럼 귀중품으로 여겨졌고, 모든 여성들에게 대중화되지 못했다. 그러나 요즘은 그렇지 않다.

재료가 다양해짐에 따라 이제 액세서리는 대중과 가장 친한 용품 가운데 하나로 자리잡았다.

금, 은, 동, 유리 구슬 등 보편적인 재료에만 그치지 않고 알루미늄, 깡통, 신문지, 잡지 등을 작품 재료로 쓰는 일도 많다. 혹은 상자 조각이나 부서진 라디오 부품을 이용해 기상 천외하고도 전위적인 액세서리를 만들어 내는 경우도 있다.

액세서리가 필수품으로 자리잡은 만큼 액세서리 디자인 분야가 유망 직종으로 부각된 것은 최근에 나타난 또 하나의 변화라고 할 수 있다.

앞으로의 전망과 보수

액세서리 디자이너의 수입은 자신의 작품을 공방에서 직접 판매하는 경우, 능력에 따라 개인차가 심하다. 또한 백화점 등의 업체에 제품을 납품하여 판매 실적이 좋으면 자신의 제품을 고유 브랜드로 정착시켜 판매할 수도 있다.

액세서리 디자이너의 가장 큰 어려움은 거래처를 뚫기가 힘들다는 데 있다. 무엇보다도 하루가 다르게 경쟁자들이 많이 나오고 있으며 기존 거래망을 확보한 경쟁업체들의 장벽도 만만치 않다.

그 틈을 비집고 새로운 거래처를 만들기 위해선 제품의 상품성과 작품성으로 승부하는 수밖에 없다.

현재 국내 액세서리 관계 업체는 내수업체, 수출업체 통틀어 약 2천여 개, 뿐만 아니라 의상, 구두 전문업체들도 토탈 패션 업체로 전환해 나가는 실정이어서 액세서리 디자이너의 공급이 수요를 따라가지 못하다고 표현하는 게 옳을 듯 싶다.

그렇기 때문에 취업도 잘 되는 편이지만 또하나 액세서리 디자인을 배웠을 때 가지는 장점은 다른 연관 분야로 나갈 수 있다는 점이다. 코디네이터나 디스플레이어로도 활약할 수 있다.

만약 취업이 싫고 자기 사업이나 프리랜서도 활약하고 싶다면 그 또한 가능하다. 액세서리 자체가 소품이기 때문에 큰 공간을 필요로 하지 않으므로 큰 돈 들이지 않고도 소점포 경영이 가능하다.

액세서리 디자이너로 취업을 할 경우 초봉은 100만 원 정도이지만, 몇 년 지나면 130만 원 이상은 무난히 받을 수 있다고 한다.

여기서는 각자의 능력이 수입을 크게 좌우하는 편이다. 많은 사람들이 이미 개척해 놓은 곳에 발을 들여 놓으면서 어렵사리 자리잡아 나가는 것도 나름대로 의미가 있겠지만 이처럼 이제 하나의 직업군으로 뿌리를 내리는 것이 많은 미지의 세계에 발을 들여놓아서 우리의 생활을 더욱 아름답고 윤택하게 하는 데 일조하는 것 또한 의미 있다고 하겠다.

액세서리 디자이너가 되는 길

액세서리 디자인은 따로 자격증이 필요 없는 직종이므로 정규 교육이나 일정한 훈련 과정을 거치지 않아도 된다. 미술이나 공작에 취미와 소질이 있다면 얼마든지 액세서리 디자이너가 될 수 있다.

단 프로페셔널이 되기 위해선 귀금속 세공 기술만은 필수적으로 배워 놓아야 한다.

액세서리라는 제품의 특성상 디자인 작업 하나만으로 모델의 형태를 완전히 표현할 수는 없으므로 디자이너 스스로가 완제품을 만들어 낼 수 있어야 하기 때문이다.

귀금속 세공 기술은 부득이 학원에서 배워야 한다. 현재 시중에는 귀금속 세공 기술을 가르치는 사설 학원이 10여 곳이 있다. 보통 2, 3개월 과정에 수강료는 월 25~30만 원선이다.

귀금속 세공 기술은 작품의 창조력을 위한 것이 아니라 다만 작품을 창작하는 데 필요한 기본적인 기능에 불과하다. 따라서 일정 기간 교육을 받는다면 어렵지 않게 기술을 배울 수 있다. 문제는 기본 기능을 익힌 다음에 어떻게 자신의 작품을 구상하고 표현해 내느냐에 있다.

액세서리가 작품인 동시에 일상용품이라는 점을 감안할 때 액세서리 디자이너는 사소한 것에서도 창작의 모티브를 얻을 수 있어야 한다.

배울 수 있는 곳 및 문의처

- 현대 액세서리 산업 디자인 학원   02-516-7480
- 다 운액세서리 전문 학원   02-549-8091
- 유행 액세서리 디자인 스쿨   02-545-7508
- 시대 패션 디자인 학원   02-734-1300

야외 촬영장소 헌팅 전문가

MBC 주말극 「그대, 그리고 나」의 야외 촬영 장소는 유명한 관광 명소가 되었다. 따라서 대본에 맞는 촬영 장소 선택이 TV나 영화에 직결되는 요소인 만큼 요즈음 TV 제작팀에겐 적합한 야외 촬영 장소 물색이 매우 중요한 직업이 되었다. 지난 시대를 배경으로 한 문예물이나 특정한 장소를 필요로 하는 프로그램인 경우는 스텝들로서도 촬영 장소를 찾기가 어려울 때가 의외로 많다.

이러한 때 적합한 야외 촬영 장소를 대신 알아 봐 주는 사람들이 있다. 「야외 촬영장소 헌팅 전문가」가 바로 그들이다.

야외 촬영 장소 헌팅 전문가들은 TV나 영화의 흐름을 최대한 돋보일 수 있는 장소를 물색해 프로그램의 질을 한층 높여 주는 역할을 한다.

종종 지나간 시대를 배경으로 하는 드라마에서 시청자들로 하여금 아련한 향수를 불러일으키게 만드는 그 다정한 마을을 화면에 담을 수 있었던 것도 알고 보면 야외 촬영장소 헌팅 전문가라는 숨은 인력이 있었기 때문이다.

앞으로의 전망과 보수

몇 년 전부터 드라마의 야외 촬영이 부쩍 늘어남에 따라 이런 전문 인력에 대한 수요가 더욱 절실해졌다. 과거에는 상상조차 할 수 없었던 신종 직업이 생겨 난 것인데, 방송가에선 이 직업이 더 이상 낯선 직업만은 아니다.

현재 이 분야에서 전문적으로 활동하고 있는 사람들은 약 100여 명 정도로 방송사 전속 인력을 제외하고는 대부분 프리랜서로 일하고 있다. 그 중에는 대학을 졸업하고 직업으로 헌팅전문가가 된 이도 있고, 방송 스크립터를 하다가 아예 전업한 경우도 있다. 특별한 경우를 제외하고는 아직도 많은 프로그램에서 야외 촬영 헌팅은 전문 인력이 아닌 조연출이나 FD 등에게 맡긴다고 한다. 제작비 절감이 가장 큰 원인이다.

야외 촬영은 또 풍경만 좋아서는 안 된다. 많은 스텝들이 한꺼번에 이동하기 때문에 지름길도 알아야 하고 주차 공간도 확보해야 한다.

프로페셔널 헌팅 전문가가 되려면 촬영 장소 물색, 섭외는 물론 다방면에서 융통성을 발휘할 수 있는 수완이 있어야 한다.

방송사에 취업하지 않고 프리랜서로 활동하게 되면 경력에 따라서 보수가 각각 다르다. 보통 1급으로 분류되는 경력자의 경우 장소 헌팅을 해 주고 받는 대가는 미니시리즈 한 편에 400~800만 원, 단편은 80~120만 원 정도.

야외 촬영 장소 헌팅 전문가가 되는 길

헌팅 전문가의 영역은 TV드라마에만 국한되지는 않는다. 영화에서도 전문가의 도움이 절대적으로 필요할 때가 있다. 특히 앞으로는 방송 형태가 다양해지고 방송 인력의 전문화 추세가 보다 뚜렷해질 것이므로 헌팅 전문가의 몫 또한 크게 부각될 전망이다.

야외 촬영 헌팅 전문가가 되려면 영화사, TV드라만 제작국에서 일하는 길이 최선의 방법이다. 장소 헌팅 전문가를 양성하는 특별 기관이나 학교는 없다. 영화사나 TV드라마 제작국에서 입사하기 전에 전국에 있는 촬영하기 좋은 명소나 유원지를 머리 속에 기억해 두는 것이 필수적이다.

배울 수 있는 곳 및 문의처

- MBC 제작국
- KBS 제작국
- SBS 제작국

애완견 미용사

세월따라 「개팔자」도 크게 바뀌었다. 마당이나 부엌 한구석에서 천덕꾸러기 취급을 받으며 음식 찌꺼기나 받아 먹던 옛날의 개 모습은 이제 어느 곳에서도 찾아 보기가 쉽지 않다.

이 같은 시대 변화에 따라 최근 애견 미용업도 크게 각광받고 있다. 아직 국내에선 생소한 「애완견 미용사」는 애완견을 가꾸고 치장해 주는 일을 하는 사람을 말한다.

주인과 같이 밥 먹고 한방에서 잠을 자는 등 사람과 동등한 대접을 받으며 사는 경우가 보통이거니와 심지어 웬만한 사람들보다 풍요하고 사치스럽게 사는 상팔자의 개들이 많다.

목욕에서 커트, 염색에까지 그 범위는 여성 미용의 업무와 거의 비슷하다.

언뜻 보기에 단순해 보이는 커트 작업의 경우 털만 제거하는 「스포팅」, 머리, 다리, 꼬리의 끝부분의 털만을 남겨 두는 「서머마이애미」, 허리와 목부에 털만을 깎는 「로열터치」 등 기본적인 커트 방법만도 10여 가지에 이른다.

90년대까지만 해도 국내에서 이 분야는 불모지였다. 그러나 2000년대에 들어서면서 놀라울 정도로 발전하고 있다.

일본의 경우 전국의 80여 개 애견 미용사 전문 학원에서 연간 1천여 명의 미용사들이 배출되며, 정상급 미용사의 소득은 중소 기업체 사장도 능가할 정도이다.

애완견 한 마리 당 미용료는 2~3만 원 선으로 인건비와 임대료를 빼고도 월 2백만 원 이상의 수입이 될 수 있는 직업이다.

물론, 제대로 입지도 가꾸지도 못하는 사람도 많은데 개까지 치장시키는 것은 지나친 사치일 수도 있다. 하지만 현대인의 현실적 욕구에 부응하는 것이며, 전문 분야의 하나로 볼 수 있는 아량이 필요하다.

앞으로의 전망과 보수

애완견을 좋아하는 사람이 날로 늘어나면서 이 직종의 앞날은 밝다. 그런데 오늘날 애완견의 미용을 거의가 전문 지식이 없이 스스로 하려고 한다. 그러나 특별한 지식과 기술이 필요하다는 것을 깨닫게 되면서 미용사에게 맡기려고 한다.

이 직업에 대한 필요성과 인식이 날로 달라지고 있어서 전망이 밝다고 할 수 있다.

애완견 미용사가 되는 길

우리나라에는 애완견 미용사를 양성하는 학원이 생긴 지가 얼마 되지 않는다. 때문에 몇 년 전까지도 애완견 미용사의 전망을 일찍 깨달은 사람들은 이웃나라 일본에 가서 애완견 미용 기술을 공부했었다.

지금은 우리나라에도 애완견을 가꾸고 치장하는 데 관련된 서비스를 제공하는 직업 사설 기관인 애완 동물 관리 학원에서 5백 시간의 과정을 이수하면, 애완견 미용실을 개업하거나 팻숍에 취업할 수 있다. 공인된 자격이나 면허는 아직 없으며 한국 애완 동물 협회에서 매년 봄에 실시하는 「공인 트리머 시험」에 합격하는 길이 있다.

고졸 정도의 학력이 요구되며, 협회 등록 애완 동물 관리 학원에서 6개월 정도의 훈련 과정을 이수하면 지원 자격 요건이 된다. 애완견 미용사 자격 시험은 1차 필기, 2차 실기 시험을 치르며 2급은 80점 이상 3급은 70점 이상이다. 보수는 일반 애견센터의 경우 초봉 100~120만 원 정도이다.

배울 수 있는 곳 및 문의처

- 한국 애완 동물 관리 협회   02-2278-0661
- 한국 애견 미용사 협회   02-2265-3271
- 한국 애견 관리 학원   02-2268-6631
- 한국 애견 미용 학원   02- 766-3001

예술품 딜러

보통 예술품 딜러는 예술에 대한 열정이 있기 때문에 생계를 유지하는 일과 기쁨을 같이 누릴 수 있는 매우 즐거운 직업이다. 성공적인 예술품 딜러는 신인 작가들을 발굴해 내는 능력이 있고, 그들이 키운 작가들의 작품에 대해 관심이 있는 수집가들과 미술관들을 자연스럽게 연결시켜 준다.

최고의 딜러는 뛰어난 심미안과 판단력으로 가능성 있는 신진을 발굴해 내는 능력을 가지고 있다. 모든 딜러는 예술의 발전과 보조를 맞추어야 하며, 일을 전문화시켜야 한다.

예술품 딜러라는 일은 비평가나 큐레이터, 경매상, 수집가, 예술가 등 넓은 영역의 사람들에 의해 좌우된다. 많은 거래들이 수집상이나 미술관의 큐레이터 등에 의해 이루어지기 때문에 사교성이 요구되는 직업이기도 하다. 대부분의 성공한 예술품 딜러는 많은 시간을 예술 분야에 종사하거나 특히 관심이 있는 사람들과 함께 보낸다.

앞으로의 전망과 보수

예술품 시장은 매우 불안정하며 경제 여건에 따라 심하게 변화한다. 미국의 경우 가장 최근의 예로 1990년의 경제불황 때 가격은 30~50% 정도 하락하고 뉴욕의 500여 개 아트 갤러리 중에서 70여 개가 문을 닫았다. 유명한 갤러리들도 사람들의 취향에 따라 매출이 오르락내리락하기 때문에 경기 동향을 예측하려 하지만 경험이 풍부한 전문가라 할지라도 이것은 매우 어려운 일이다. 예술품 딜러는 일의 즐거움과 많은 보수의 가능성이 있지만 그만큼 위험이 따르는 일이다.

예술품 딜러가 되는 데에는 여러 가지 길이 있는데 특히 예술이나 역사에 대해 공부해야 한다. 그리고 다른 갤러리에서 일을 배우면서 자신의 갤러리가 생길 때까지 많은 고객과 예술가들과 안면을 익히는 것이 좋다.

미술관에서 일하는 큐레이터나 경매상에서 일을 하다가 예술품 딜러로 전향하는 사람들도 있다. 그리고 자신의 일을 확장시키기 위해서 다른 예술가들과도 많은 접촉을 해야 한다. 다른 흥행 사업과 마찬가지로 강한 사업 수완과 사교성이 필수적이다. 벌어들인 소득의 대부분은 다시 다른 유망한 작품들을 사들이는 데 재투자해야 한다. 이 분야에서 지속적으로 살아남기 위해서는 수입이 없는 시기를 잘 견뎌 내야 한다.

예술품 딜러가 되는 길

오랜 시간 동안 예술가와 그 작품을 사려는 사람이 있었다. 딜러는 그 중간에서 서로 연결시켜 주는 역할을 해 왔다. 유럽에서는 중세 이후에 이런 딜러들이 있었다. 그들은 갤러리를 마련하여 여러 사람이 예술 작품을 감상할 수 있도록 하였다. 미국에서 가장 오래 되고 유명한 갤러리는 1920년대에 생겨났다. 세계 대전 이후에 부유해진 미국인들은 유럽의 예술품에 대한 관심이 점차 커졌고 그에 따라 많은 경매상과 갤러리가 생겨 났다.

하지만 이젠 다른 예술품과 마찬가지로 이러한 시기는 지나갔다. 미래에 어떻게 될지는 예상할 수가 없다. 그러나 예술에 대한 욕구가 계속되는 한 갤러리는 계속 존재할 것이다.

배울 수 있는 곳 및 문의처

- 한국 가보 예술 진흥원   02-2636-9568
- 고도망이 87   02-406-7218

유텔 인터내셔널

유텔 인터내셔널이란, 컴퓨터와 통신 위성의 결합으로 이루어진 아이디어 산업으로 전세계 가맹 호텔의 객실 예약과 마케팅을 대행해 주는 호텔 예약 업무이다.

현재 세계 1백44개국, 6천5백여 가맹 호텔이 각국에 퍼져 있는 유텔 인터내셔널의 전산망을 통해 호텔 예약 등 대행업이 수 초 안에 이루어진다.

해외여행 자유화 이후 국내 시장에도 유텔 인터내셔널이 들어왔고 국내 여행 업계에도 꽤 많이 알려져 있어 시장성도 좋다.

즉 최신 첨단 기계를 이용한 아이디어 산업으로 세계 속에서 당당히 경쟁할 수 있는 미래의 직업이기도 하다.

유텔의 서비스는 고객에게 무료로 제공된다. 호텔 예약을 원하는 고객이 자신이 원하는 가격 등을 얘기하면 유텔 전산망에 그것을 입력하면 곧바로 컴퓨터 단말기를 통해 적당한 호텔이 나타난다.

여기에는 호텔의 시설, 객실 현황, 등급, 서비스 내용 등 호텔 정보가 담겨져 있어 그것을 고객에게 전하고 즉석에서 고객이 원하면 예약도 해 준다.

예를 들면, 소말리아로 갑자기 출장을 갈 경우 거기에 아무런 연고도 없어 어디서 묵어야 할지 모를 때 유텔 인터내셔널의 한국 지사로 연락을 하면 된다.

앞으로의 전망과 보수

보수는 200만 원 정도이다. 유텔 인터내셔널은 영어에 능통해야 하며 얼마간의 교육을 거쳐야 입사가 가능하고 전문직답지 않은 여유감이 많다.

대행업인 만큼, 서비스 차원에서도 아주 세심한 곳까지 신경을 써야 한다.

컴퓨터화된 국제 통신체를 이용한 유텔 서비스는 해외여행이 점점 많아지면서 우리나라 사람들에게 유익한 정보를 주게 된다.

비즈니스 여행이나 개인 여행 등 개인 여행자를 위한 호텔 예약을 하고 있지만 아직은 잘 알려지지 않아서 여행사를 통해 대부분 예약 의뢰를 받고 있다.

앞으로 개인이나 가족 여행이 늘어날 것으로 전망되어 비전이 있는 직업이다.

유텔 인터내셔널이 되는 길

유텔 인터내셔널이 되려면 무엇보다도 컴퓨터에 능통해야 하고 PC통신, 인터넷 정보에 앞서가는 지식이 있어야 한다. 따라서 유텔 인터내셔널이 되기 위해서는 정보 통신이나 인터넷에 대한 공부가 필수적이다.

다음으로는 세계 각국의 호텔에 대한 지식이 있어야 한다.

이 직업에 종사하기 위해서는 국내 여행사에 입사하는 방법이 최선의 방법인데 일반인으로는 한국 관광 공사 부설 기관인 관광 교육원에서 교육을 수료하면 가능하다. 그러나 이 곳에서는 주로 관광 통역 안내를 위한 수업을 주로하고 있다. 일단 여행사에서 유텔 인터내셔널을 습득한 수 독립할 수 있다.

배울 수 있는 곳 및 문의처

- 한국 관광 공사 관광 교육원   02-386-2032

음악 치료사

음악 치료란 자폐, 과잉 행동, 우울증 등의 정신적인 문제를 안고 있는 사람들을 대상으로 하는 심리 치료중 하나를 말한다. 음악 치료는 음악 활동을 체계적으로 활용함으로써 사람의 신체와 정신 기능을 향상시켜 개인의 보다 나은 삶의 질을 추구하는 음악의 전문 분야이다.

음악 치료사는 악기 연주, 작곡하기, 노래 부르기, 음악 감상 등으로 환자와의 음악 활동을 통해 환자의 신체적, 정신적인 이상 상태를 치유하는 일을 한다. 음악 치료사와 환자는 즉흥적인 연주나 노래를 통해 정신적인 교감을 하게 된다. 그런 과정이 시간을 두고 되풀이되면서 환자는 자신이 미처 깨닫지 못했던 마음의 일부분을 표출하게 된다. 따라서 음악 치료사는 음악을 통해 환자의 마음을 정화시킴으로써 환자의 정신 건강은 물론이고 육체적인 건강까지도 돕는 역할을 하는 것이다.

우리나라에서는 음악 치료가 아직 도입 단계이다 보니 정신병을 앓고 있는 환자나 장애 아동 중심으로 시행되어 온 것이 사실이다.

그러나 정확하게 말해서 이들은 물론 정신적·신체적으로 병을 앓고 있는 모든 환자가 음악 치료의 대상이 될 수 있다. 예컨대 신체에 병이 있는 환자라도 물리적인 치료 못지 않게 중요한 것이 병을 이겨 낼 수 있는 환자 자신의 의지인 것이다.

일례로 음악 치료가 발달해 이미 대중화된 미국의 경우 음악 치료사는 일반 학교, 특수 학교, 장애인 기관, 일반 종합 병원, 정신 병원, 재활 센터 등에서 일하고 있다.

우리나라는 미국, 영국, 독일 등에서 공부하고 귀국한 10여 명의 음악 치료사와 수 년 전 숙명 여자 대학교와 이화 여자 대학교 음악 치료 대학원을 졸업한 음악 치료사들이 수도권을 중심으로 개인 음악 치료 클리닉이나 장애인 복지관, 노인 복지관, 정신 병원, 종합 병원의 정신과 등에서 활동 중이다. 사회 복지 시설이 발달한 선진국의 경우에는 음악 치료사의 활동이 활발하지만 우리나라는 이제 걸음마 단계라고 할 수 있다.

앞으로의 전망과 보수

아직까지는 사회적으로나 의학적으로도 음악 치료에 대한 인식이 확산되지 않았기 때문에 음악 치료를 시행하고 있는 병원이나 단체, 기관이 많은 편은 아니다. 그러나 음악 치료의 효과가 알려지면서 병원과 복지관 등에서 관심을 보이고 있고, 부분적으로 음악 치료를 시행하려는 시도들이 행해지고 있다.

음악 치료사는 병원에서 파트 타임으로 일하거나 복지관, 육영회 등에서 활동한다. 자신의 연구소를 운영하면서 환자와 일반인을 대상으로 음악 치료 활동을 하는 음악 치료사들도 있다. 근무 환경을 따져 보면 조용한 장소에서 음악을 접하는 생활을 하기 때문에 매우 좋다고 할 수 있다.

반면, 음악 치료사가 고수익 직업으로 알려진 것과는 달리 그다지 많은 돈을 버는 것은 아니다. 시립 아동 병원이나 장애인 복지관에서 근무할 경우 준공무원 대우를 받으며 1년차의 연봉이 1,500~1,700만 원 정도다.

그러나 몇몇 병원이나 단체를 제외하고는 시범적으로 시행하는 수준이기 때문에 파트 타임으로 근무하는 음악 치료사의 경우 수입이 용돈 수준을 넘지 않는다.

음악 치료사가 되는 길

현재 활동하고 있는 음악 치료사는 대부분 외국에서 음악 치료를 전공하고 정식 자격증을 따서 돌아온 음악 치료사들로 10여 명이 활동하고 있다.

우리나라에는 아직 공인 자격증 제도는 없지만 음악 치료 교육 과정은 개설되었다. 그리고 적어도 올해 안에는 음악 치료사 자격증 제도가 정착될 것으로 보인다. 1997년 숙명 여자 대학교 음악 치료 전문 대학원을 시작으로 이화 여자 대학교, 명지 대학교, 한세 대학교 대학원에 음악 치료 과정이 생겼고, 지난 해 숙명 여자 대학교와 이화 여자 대학교에서 첫 졸업생이 나왔다.

숙명 여자 대학교의 경우 필기 시험(음악 치료 개론, 음악 심리학 개론)과 면접, 이화 여자 대학교와 명지 대학교, 한세 대학교는 면접으로 학생을 선발하고 있는데 경쟁률이 10대 1이 넘는다. 숙명 여자 대학교는 대학원 입시가 있기 두어 달 전에 필기 과목인 음악 치료 개론과 음악 심리학 개론 특강을 열고 있는데, 이 두 과목의 성적이 합격 여부에 많은 영향을 미친다. 수강료는 과목당 60만 원으로 다소 비싼 편이다.

음악 치료 대학원은 야간 5학기 과정으로 이상 심리학, 특수 심리학, 음악 기술, 통계학 등 이론과 실기를 겸비한 수업을 하고 5학기가 되면 수업은 하지 않고 병원이나 관련 기관에서 음악 치료 임상 실습을 하며 논문을 쓰게 된다. 임상 실습 자체는 2학기부터 실시, 총 2년 동안 임상 실습을 하게 된다.

대학 부설 사회 교육원에 음악 치료 과정이 있지만 이곳에서는 음악 치료에 대한 개론적인 강의만 이루어지기 때문에 이곳을 수료한 뒤 음악 치료사로 활동하는 데는 무리가 있다.

배울 수 있는 곳 및 문의처

- 권혜경 음악 치료 연구소   www.mtherapist.
- 명지 대 사회 교육 대학원   0335-330-6046
- 숙명 여대 음악 치료 대학원   02-710-9608
- 숙명 여대 음악 치료 클리닉   02-710-9843
- 이화 여대 교육 대학원   02-3277-2114
- 한국 음악 치료 연구소   02-761-5021
- 한세 대 음악 대학원   0343-450-5114

이미지 컨설턴트

매년 선거철이 되면 유권자들은 텔레비전을 통해 각 후보의 유세를 보게 된다. 뉴스를 통해 「TV유세」라는 신종 프로그램을 통해서 이 후보 저 후보들의 자기 주장을 접하게 된다. 정치인들의 방송 매체를 통한 자기 선전은 여기에서 그치지 않는다.

TV유세 프로그램을 통한 자기 선전도 부족하여 별도의 사비를 들여 개별 광고를 내보내기도 한다. 정치 광고가 그것이다.

언제부터인가 이러한 정치 광고가 늘어남에 따라 대중들에게 많이 알려진 직종이 「이미지 컨설턴트」라는 직종이다.

이미지 컨설턴트란 말 그대로 주어진 목적에 따라 그 사람의 분위기를 연출해 주는 직업이다.

정치인이나 연예인같이 대중의 지지도에 크게 의존해야 하는 사람들은 자신의 이미지에 따라 성패가 좌우된다고 해도 그리 틀린 말은 아닐 것이다. 얼굴 표정에서부터 옷차림, 걸음걸

이, 말투, 제스쳐, 화장법에 이르기까지 외모나 행동 양식을 두루 좋은 인상으로 만들어 주는 전문직을 이미지 컨설턴트라 부른다.

예전에는 남성들이 화장을 한다 하면 색안경을 끼고 보는 것이 당연했다. 남성들 본인조차도 화장에 대한 거부 반응이 분명했던 것 또한 사실이다. 대개는 연예인과 같은 특정 직업의 남성들만이 화장을 하는 것으로 알았다. 남성이 화장을 한다는 사실 그 자체를 말도 안 되는 것으로 생각하는 것이 보통이었다.

그러나 이제는 결코 그렇지 않다. 자기 관리의 하나로 이미지 컨설팅을 하는 경우가 많이 늘어났다. 이러한 이미지 컨설팅의 주목적은 자신의 외모에서 나타나는 장점은 최대한 살리고 단점은 최대한 가리는 데에 있다. 내면이 아무리 좋은 사람이라 해도 외모가 호감을 주지 못한다면 대인 관계에서 100% 성공할 수가 없기 때문이다.

이미지 컨설턴트는 자연스럽고 자신 있게 남에게 호감을 주는 인상으로 기억되고 싶어하는 이들을 돕는 직업이다. 얼굴이 잘생겼다고 해서 이미지가 놓은 것은 아니며 미인, 미남이 아니라고 해서 남에게 호감을 얻지 못하는 것 또한 아니다. 우리나라 사람은 다 같이 황색 인종에 속하지만 저마다 독특한 피부와 체형, 분위기를 가지고 있다. 사람의 이미지란 이런 외부적인 조건에 따라 좋게 보이기도 하고 나쁜 인상을 주기도 한다.

현재 미국, 일본, 유럽 등 선진국에서는 이미지 컨설팅 사업이 이미 전문영역으로 자리잡아 기업화되고 있다. 우리나라도 이 직업이 점차 활성화되어 가고 있으나 아직까지 초보 단계에 머물러 있다고 할 수 있다.

이미지 컨설턴트는 의뢰인의 피부 상태에 따라 자연스럽게 얼굴 손질을 해 주고 스타일과 분위기에 맞는 의상 코디네이션까지 담당하며 경우에 따라서는 소품을 이용한 이미지 변신을 권하기도 한다. 예를 들면 인상이 날카로운 사람을 온화한 이미지로 연출해 주기 위해 안경을 이용하거나 의상을 컬러플하게 연출해 주는 것도 한 방법이다.

사람마다 다른 얼굴색과 모양, 눈빛, 머리칼 색상에 따른 이미지를 이 분야의 전문가들은 「포시즌 이론」으로 접근하기도 한다.

봄 이미지를 가진 사람은 눈빛이 강하고 생기 발랄하며 피부는 투명하다. 이런 경우는 다소 경박한 인상을 주기가 쉽기 때문에 정치가 지망생들은 좀더 무게 있는 이미지로 바꿔 준다.

여름 이미지를 가진 사람은 눈빛이 부드러우며 머리카락이 검은 편이고 피부 느낌이 약간 서늘한 편이다. 이런 경우는 짙은 색상의 의상을 피하고 대신에 침착해 보이는 색상을 택하며 얼굴 화장을 좀 더 강하게 한다.

가을 이미지는 눈빛이 깊고 머리칼 색상이 약간 칙칙하게 느껴지는 사람이다. 이런 경우는 너무 어두운 느낌이 들지 않도록 화장과 의상도 밝고 부드러운 쪽으로 선택한다.

겨울 이미지는 머리칼이 굵고 윤이 나며 피부는 거친 대신에 눈빛이 맑다. 이런 경우에는 외모에서 풍기는 개성이 너무 강하므로 자칫 독선적인 이미지를 줄 수가 있다. 모두 세 차례에 걸쳐 행해지는 이미지 컨설팅의 기본 테스트는 대충 위의 포시즌 이론에 입각해 치러진다. 이러한 작업에 소요되는 경비는 대략 40~50만 원 정도다. 이 모든 과정이 어느 정도 과학적인 데이터에 의해 분석되면 이미지 컨설턴트는 그 최종 단계에서 가장 완벽한 분석과 판단력을 발휘하게 된다.

이처럼 이미지 컨설팅이란 특정한 인물을 대중이 원하는 스타일로 꾸며 준다는 점에서 강력한 정치 전략상의 의미를 가지기도 한다.

앞의 예를 통해서 알겠지만, 이미지 컨설턴트가 되려면 고객의 이미지를 가장 완벽하게 꾸밀 수 있는 눈이 있어야 하며, 이와 함께 메이크업, 코디네이션과 같은 분야에 능해야 한다.

앞으로의 전망과 보수

이미지 컨설턴트가 받는 보수는 1회 출장료가 보통 20~30만 원선이다. 그러나 고객의 특성상 어느 일정한 시기 동안 줄곧 이미지 관리를 해야 하는 경우가 많기 때문에 한 달 단위로 보수 계약을 하는 때가 많다. 이럴 경우 고객과 이미지 컨설턴트의 이름값에 따라 많은 차이가 나겠지만 보통 100~200만 원정도 선에서 결정된다.

종전까지는 정치인, 연예인 등으로 주요 고객이 한정되어 있었다. 하지만 최근 들어 이미지 컨설팅 시장은 기업 관계자들이 부쩍 관심을 보이기 시작하면서 더욱 그 규모가 커지게 되었다. 기업의 경영자나 간부급들은 상대방 기업에 대한 경쟁 심리로 자신의 이미지를 부각시킬 방안을 모색하기도 하고 그러기 위해서 외모 관리에 보다 신경을 쓰기도 한다. 또한 영업이나 홍보, 마케팅 담당자 등 대외 활동을 많이 하는 기업 관계자들도 필요에 따라 이미지 관리에 많은 관심을 갖게 되었다.

이미지 컨설턴트가 되는 길

우리나라는 이미지 컨설팅이 아직은 전문적으로 기업화되지 않았다. 작업 개념도 대개 메이크업이나 코디네이터 개념과 혼용되어 인식되고 있다. 대부분 메이크업이나 코디네이터 개념과 혼용되어 인식되고 있다. 대부분 광고 회사나 이벤트 회사 같은 곳에서 이미지 컨설턴트로 활동하는 경우가 많고 선거철 같은 때 일시적으로 활동 기회가 주어지기도 한다. 그러나 앞으로의 전망은 밝은 편이다.

배울 수 있는 곳 및 문의처

- 국민 대 사회 교육원　　　02-910-4114
- 에버랜드 예절 교육원　　　02-2234-6171
- 대한 항공 예절 교육원　　　02-656-7114
- 이미지 관리 연구소　　　　02-704-6127
- 이미지 컨트럴 연구소　　　02-358-8288

이벤트 플래너

이벤트 플래너는 밀레니엄 시대를 맞아 성장하고 있는 직업이다. 이벤트는 판매 증진이나 기업 이미지 제고를 위한 기업체 이벤트와 지역 활성화를 목적으로 하는 지역 축제, 부산 아시아 올림픽 같은 세계적 규모의 이벤트 등 그 목적과 유형에 따라 여러 형태가 있는데, 이를 기획하는 사람이 이벤트 플래너다.

이벤트 플래너가 하는 일은 이벤트에 대한 아이디어를 내고 그 아이디어를 바탕으로 행사의 시작부터 끝까지를 진행시키는 일은 것이다.

그러나 중소 업체에서는 이벤트 플래너가 연출까지 함께하는 경우가 일반적이다. 예를 들어 「콘서트」라는 의뢰가 떨어지면 이벤트 플래너는 주제는 무엇으로 하고, 가수는 누구를 부를 것이며, 사회는 누가 보고, 무대는 어떻게 꾸밀 것인가를 결정할 뿐만 아니라 현장에 직접 나가 감독 역할도 한다.

이렇게 하나의 이벤트가 이루어지기까지 행사를 기획하고 준비하며 행사장을 선택하고 진행하는 일의 성격상 이벤트 플래너는 여성 인력보다는 남성 전문인이 많은 편이다. 그러나 최근 여성의 진출이 눈에 띄고 있으며 여성 특유의 섬세함을 유감없이 발휘할 수 있는 분야이기도 하다.

이벤트에서 가장 중요한 것은 기업 이미지 제고 및 홍보, 판매 증진 등 지휘력, 지도력과 대인 관리 능력 등 경영자적 자질도 겸비해야 한다.

또한 거리 패션쇼, 미시 선발 대회와 같이 즉흥적으로 연출되는 이색쇼 등 생활 주변의 소재를 이용한 이벤트를 제작 진행하기 위해선 상상력과 창의력이 있어야 한다.

앞으로의 전망과 보수

현재 제일 기획, LG 애드, 금강 기획, 대흥 기획 등 대형 광고대행사들은 세일즈 프로모션부라는 이벤트 대행부서를 두고 있으며, 이벤트를 전문으로 하는 이벤트 회사도 백여 개 이상인 것으로 집계되고 있다.

그러나 장기적으로는 성장 가능성이 잠재해 있는 분야이며 기획하고 연출하는 전문인의 양성이 필요한 분야이다.

이벤트 플래너는 주로 광고 기획실이나 이벤트 전문 대행업체, 광고 대행사, 대기업의 기획실 등에 취업하게 되는데, 보수는 광고 대행사의 경우 연봉이 2,000 ~ 2,400만 원 정도로 다른 업계에 비해 비교적 높은 편이다. 그러나 이벤트 전문 대행

업체는 영세한 곳이 많아 이보다는 낮은 수준이다.

이벤트 플래너로서 7~8년 정도 현장에서 풍부한 경험을 쌓으면 프리랜서로 활동할 수 있으며, 실력을 인정받으면 이벤트당 수백만 원을 받기도 한다. 또한 아이디어를 무기로 대행사를 설립할 수도 있다.

이벤트 플래너가 되려면

이벤트 플래너를 양성하는 교육 기관을 통해 이론적인 지식을 습득한 후 이벤트 업체나 방송사, 광고 회사로 진출하는 방법이 있다. 그러나 광고 회사나 이벤트 업체에서는 경력자를 우선으로 채용하는 경향이 있다. 신입의 경우는 이벤트 행사가 국제화로 가는 추세이므로 외국어 회화가 가능하면 유리하다.

배울 수 있는 곳 및 문의처

- 한국 이벤트 개발원   02-558-3973
- 한국 영상 예술원   02-516-8266
- 이벤트 내셔날   02-548-7375
- 한국 방송 아카데미   02-761-2776
- 한국 광고 연구원   02-3473-3891
- MBC 아카데미   02-2240-3800
- 제일 기획   02-724-0233
- LG 애드   02-705-2699
- 금강 기획   02-708-2846

인테리어 자재 디자이너

살림하는 재미 중 하나가 집 꾸미기이다. 손끝이 한 번 갈 때마다 윤이 나고 집 안 분위기가 달라진다. 아파트 문화가 20년 넘게 자리 잡으면서 주부들의 인테리어 실력은 과거와 비교할 수 없을 정도로 늘었다. 덩달아 인테리어 자재 시장도 급증하는 추세다.

인테리어 자재는 벽지, 장판, 새시, 창호, 욕조 시스템, 문, 침구류, 부엌용 가구 등 종류가 다양하다. 집 안 꾸미기가 일상화되면서 시장 규모가 1조 원을 훨씬 넘어섰으며 인테리어 자재 전문 업체도 크게 늘었다.

앞으로의 전망과 보수

인테리어 자재 디자인은 보통 시장 조사와 디자인 기획 → 실제 디자인 작업 → 고객 검증 → 금형 제작 → 생산 등의 과정을 거친다.

디자이너들은 마케팅 부서와의 끊임없는 협의를 통해 시장에서 팔릴 만한 아름다움을 지닌 물건을 만들어 낸다. 디자인

과정에서 아름다움에 더 비중을 두게 마련인 디자이너들은 당
장 팔릴 것을 요구하는 마케팅 담당 직원들과 종종 갈등을 빚
기도 한다.

인테리어 자재 디자이너가 되는 길

인테리어 자재 디자이너가 되려면 무엇보다 감각이 뛰어나
야 한다. 심미안이 있어야 이 분야에서 프로가 될 수 있다. 감각
과 함께 빠뜨릴 수 없는 것은 「재능」이다. 아름다움을 포착하는
눈과 포착한 아름다움을 형성화할 수 있는 테크닉이 결합돼야
훌륭한 작품이 탄생한다.

인테리어 자재 디자이너를 양성하는 교육 기관은 아직 없
다. 따라서 인테리어 디자인을 공부한 다음 인테리어 자재 디
자인을 택하는 방법도 있다.

배울 수 있는 곳 및 문의처

- 한국 산업 인력 공단   02-3271-9081~5
- 인테리어 디자인 협회   02-543-3662

자동차 테스트엔지니어

자동차 테스트 엔지니어란 아직 성능이나 안전도가 검증되지 않은 미지의 차를 몰고 온갖 악조건을 갖춘 도로와 악천후 속을 일부러 찾아다녀야 하는 직업이다.

하지만 신형차를 개발, 생산하는 전과정에서 중심을 차지하고 있다. 다시 말해서 테스트 엔지니어 없이는 신형차의 설계도도 그릴 수 없고 이들의 OK사인 없이는 완성차로 출고도 할 수 없다. 신형차에 대한 대강의 윤곽이 잡히면 비슷한 국내외 경쟁 차량 4~5종을 선정 테스트한 후 장점을 뽑아 새 차가 구비해야 할 성능을 제시하고 이를 바탕으로 시제품이 만들어지면 이 차의 결함과 안전도 등을 최종 평가, 대량생산해 시판할 것인가 여부를 판단해 준다.

이 과정에서 자동차는 4백여 종 이상의 전자, 기계식 시험을 거치지만 가장 정확한 것은 직접 운전하는 것이다.

기본적인 관성 평가는 일차로 회사 내의 간이 시험 주행장에서 이루어진다.

　울퉁불퉁한 파형로, 뒤틀거리거나 자갈이 널려 있고 빨래판 모양으로 홈집을 낸 패턴로, 경사각 45도의 등판로, 고속 주행 선회로 등을 달리며 차의 적응상태를 평가한다.

　주로 기계 공학과나 전자 공학과 출신인 자동차 테스트 엔지니어의 수는 그 회사 기술 수준의 척도이기 때문에 회사마다 비밀로 하고 있어 정확히 파악되지 않고 있다.

　다만, 자동차 선진국인 일본에서도 인정하는 수준급 10여 명을 포함해 경력 5년 이상의 자동차 테스트 엔지니어 1백50여 명이 국내에서 활동중인 것으로 알려져 있다. 자동차 테스트 엔지니어는 냉철한 판단력, 대담한 담력, 섬세한 사고력을 모두 갖춘 기술자 이상의 모험가이기도 하다.

　이들의 보수는 각 기업체 다른 부서보다 높으며, 스턴트 맨 이상의 모험력을 요하는 미래의 이상적인 직업이다.

앞으로의 전망과 보수

　자동차 테스트 엔지니어의 보수는 이란 기사의 봉급 외에 수당이 따른다. 자동차 3사가 일정하지는 않지만 거의가 250만 원 선이다.

　앞으로 뉴라운드 시작으로 자동차 수출이 더욱 신장될 것이며, 따라서 자동차 산업이 더욱 발전하면서 자동차 테스트 엔지니어직도 그만큼 발전되리라고 본다.

자동차 테스트 엔지니어가 되는 길

자동차 테스트 엔지니어란 직책으로 별도로 모집하는 일은 없다. 거의가 자동차 회사에서 기능직으로 모집하여 기술을 익히다가 자동차 테스트 엔지니어가 되는 순서를 밟게 된다.

자동차 3사에서 자동차 테스트 엔지니어를 필요로 하여 사원중에서 채택할 때 거의가 공과 대학 기계 공학을 전공하거나 자동차 정비 1급 기사 자격증을 획득한 사람을 선호한다. 그것은 직종이 고감도 고기능의 기술이기 때문이다.

기아 자동차의 자동차 테스트 엔지니어 K씨는 깨어 있는 시간 대부분을 자동차 운전석에서 보낸다.

검사를 거쳐 출고가 된 차에서 쾌적하게 잘 포장된 도로를 달리면서 자동차를 테스트하는 것은 아니다. 보통 1주일 중 3~4일은 고속 도로나 빗길, 눈길, 빙판길을 다양한 노면에서 테스트하는 것이 주된 업무이다. 자동차 테스트 엔지니어로 일하고 있는 K씨는 필요한 경우 50도가 넘는 중동의 사막 지대, 또는 영하 40도를 밑도는 빙하 지대나 해발 3천Km가 넘는 로키 산맥의 고지대 등 각종 악조건을 갖춘 외국으로 달려간다.

실험을 위해 하루 15시간씩 20여 일 가까이 걸리는 2만여 km 이상의 미국 횡단 주행을 하기도 한다.

배울 수 있는 곳 및 문의처

- 대우 자동차   02-759-3114
- 현대 자동차   02-3464-1114
- 기아 자동차   02-3664-114

조향사

사람의 기분을 변화시키는 향수, 제자 등 종교적인 의식에서 유래된 향료는 오늘날 각종 생활 용품에서부터 향기 치료에 이르기까지 우리 주변에서 여러 가지 용도로 사용되고 있다. 그 중에서도 향수는 제 4의 패션이라고 할 정도로 널리 사용되고 있으며, 그 향수를 만드는 조향사는 패션 디자이너와 마찬가지로 유행을 창조하는 예술가로서 인정받고 있다.

조향사는 한 마디로 향수뿐만 아니라 샴푸, 보디 클렌져 같은 생활용품, 그리고 기초 화장품에서부터 메이크 업 제품 등에 향기를 만들어 넣는 일을 한다. 제품에 들어가는 향은 약 40만 종의 천연 향료와 합성 향료를 조합하여 만들어지기 때문에 조향사는 수년 동안의 교육 과정을 거쳐야 한다.

이 과정을 거치면 처음에는 스킨 로션과 크림 등 기초 화장품에 쓰이는 향료를 만들 수 있고, 그 다음 단계로는 향이 강한 방향제, 샴푸 등의 생활용품 향료를 맡게 된다. 이러한 향료를 만들 때 해로운 물질을 생성하지 않는지 확인하는 것도 매우 중요하다.

그 다음 단계로 만들 수 있는 것이 바로 향수이다. 향수는 그 화장품 회사의 이미지를 나타내기 때문에 향수를 만들기 위해서는 상품의 컨셉트를 먼저 확정지어야 한다. 컨셉트가 확정되면 조향사는 원료를 선정하고 이것을 수천 번씩 조합하여 향수를 만들게 된다. 이 과정은 보통 1~2년이 걸리는데 한 가지 제품을 출시하기 위해서 100가지가 넘는 향수들이 품평을 거쳐야 한다. 그리고 마지막으로 소비자들의 의견을 물어 반응이 좋을 경우 대량 생산된다.

앞으로의 전망과 보수

조향사가 되기 위해서는 선천적으로 뛰어난 후각뿐만 아니라 예술적 감각이 매우 중요하다. 조향사들은 과학적인 기본 지식 위에 이러한 예술적 감각을 조합하게 되는데 제품의 컨셉트에 따라 자신이 만든 향수를 표현할 수 있어야 한다.

즉, 생상과 음조, 또는 자신들만의 언어를 사용하여 향의 이미지를 표현할 수 있어야 마케팅이나 홍보에 활용할 수 있다. 또한 조향사들은 항상 계층과 연령에 따른 유행을 인지하고 있어야 한다.

조향사가 되는 길

우리나라에서 향수를 만드는 조향사들은 대부분 화장품 회사의 기술 연구팀 소속이다. 이들은 회사의 규모에 따라 약 1명에서 10명 정도까지 종사하고 있으며 모두 연구직이다.

조향사는 수십만 종의 향을 구별해야 하는 특색 있는 직업이므로 경력이 매우 중시된다. 따라서 처음 입사하면 기본 향료부터 다양한 향료를 구분하는 연습을 시작하여 약 1년 여가지나면 기초적인 향료를 만들 수 있고, 3~5년의 경력이 쌓이면 프랑스나 스위스 등지의 해외 기술 연수를 다녀오게 된다.

그러나 아쉽게도 우리 나라에는 조향사가 되기 위한 정규교육 과정은 없다. 때문에 화장품 회사의 기술 연구직 공채 사원으로 입사한 사람들 중에서 후각 테스트를 거쳐 선발하는데, 화학이나 화학 공학, 생물학, 약학을 전공한 사람이 많은 것이 특징이다. 그러나 입사 후에도 교육이 계속되므로 인문 계열 전공자 중에서도 후각 테스트 결과가 좋으면 조향사가 될 수 있다.

다행히 최근에는 전문 대학의 향장 공업과나 피부 미용과에서도 점차 향료에 대한 개론 강의를 개설하고 있는 추세다.

배울 수 있는 곳 및 문의처

- 세계 향수 대백과   www.perfumeworld.net
- 향료 전문 용어   www.3r.co.kr/~flori
- 향수의 분류   net-in.co.kr/hellena
- 화장품 업계 유망 직종   www.osso.co.kr

직업 상담사

직업 상담사의 대표적인 업무는 구인, 구직자들을 연결시켜 주는 일이다. 구직자들의 교육 정도와 경력, 기술, 자격증, 직종, 희망 임금 등의 여건을 배려하여 적합한 곳을 소개해야 하는데, 이 때 반드시 구직자와 구입 업체에 대한 정확한 정보를 알고 있어야 한다. 때문에 고급 인력 알선 업체인 헤드 헌팅 회사에서는 반드시 구직자들과 구인 업체를 인터뷰하고 서로간의 요구 조건과 수행 능력을 파악하여 알선을 주선한다.

특히, 고급 인력의 경우 데이터 베이스상에 구인 업체에서 원하는 적합한 인물이 없을 때에는 헤터 헌터들이 직접 인력을 구해야 하기 때문에 그 분야에 대한 정보나 고용 동향 등에 대한 조사가 필요하다. 이 외에도 직업 상담사는 직업 전환이나 은퇴, 실업 대처 등에 대한 상담과 청소년 적성·흥미 검사·여성 및 실업자를 위한 직업 지도 프로그램, 취업 박람회 등의 채용 행사를 개최하기도 한다.

직업 상담사의 상담과 정보 작성, 검색 업무는 보통 사무실 내에서 이뤄진다. 그러나 헤드 헌팅 회사에서는 현업에 종사하면서 비밀리에 다른 직장을 구하려는 구직자가 많고 헤드 헌터 자신이 구인 업체에 대한 정확한 정보를 알기 위해 직접 그 회사를 방문해야 하는 경우도 있으므로 외근이 잦은 편이다. 면담은 구직자의 상황을 고려해 점심 시간을 이용해서 진행될 때가 많은데, 업무가 많을 때는 매일 새로운 사람과 식사를 해야 하는 경우도 있다.

앞으로의 전망과 보수

직업 상담사에게는 기본 보수 외에 근무 성적에 따라 부여하는 성과급 제도가 있다. 공공 기관의 직업 상담사의 연봉은 1,400~1,800만 원 정도이고 근무 성적에 따라 300%까지의 수당이 지급된다.

사설 기관의 연봉은 회사의 규모에 따라 기준이 다르지만 보통 4년제 대학 출신의 경우 초임이 연 1,800~2,000만 원 수준이며 헤드 헌팅 회사의 경우에는 자료 조사원인 리서처의 경우 2,500~4,000만 원, 전문 요원인 컨설턴트의 경우에는 3,500~5,500만 원 수준이나 성과에 따라 억대 이상의 높은 연봉을 받는 사람도 있다.

상담이라는 직업은 남을 배려할 수 있는 마음가짐이 기본이 되어야 한다. 특히, 직업 상담사는 20건 이상의 작업을 동시에 진행하는 경우가 많아 마음의 여유가 없지만, 항상 친절한 태도와 여러 가지 일을 한꺼번에 수행할 수 있는 조직적인 사고 능력을 지녀야 한다. 이 밖에도 주고객이 외국 기업인 헤드 헌팅 회사에서는 구직자 상담시 영어 인터뷰를 하는 경우가 많으므로 전문가 이상의 영어 실력을 갖추어야 한다.

직업 상담사가 되는 길

아직까지 직업 상담사의 자격 요건이나 전문적인 교육 과정은 규정된 것이 없다. 현재 노동부 직업 안정 기관의 직업 상담사는 대체로 4년제 대학 졸업 이상의 학력에 사회 복지사, 직업 능력 개발 훈련 교사 등의 관련 자격 소지자, 또는 심리학과나 사회 복지학과 전공자, 일반 사업체에서 인사, 노무를 담당했던 경력자 등이 주류를 이루고 있는 실정이다.

한편, 고급 인력 알선 기관인 헤드 헌팅 회사에서는 기업체의 구조나 생리를 알고 있는 사람을 선호하기 때문에 일반 기업체에서 3년 이상 경력을 쌓은 사람을 공개 채용보다는 자회사의 구직자 중에서 선발하는 경우가 많다. 따라서 전문 헤드 헌터 선발시 자격증 소지자보다 경력자를 우선할 것으로 보인다.

직업 상담사 자격 및 검정 기준

등급

자격 및 검정 기준

직업상담사 1급

자격: 2급 자격 취득 후 해당 실무에 3년 이상 종사한 사람이나 해당 실무에 5년 이상 종사한 사람

─직업상담과 직업 지도 업무를 기획하고 평가할 수 있는 능력

─구인, 구직, 취업상담, 진학상담, 직업 적응 상담 등을 통하여 내담자의 문제점을 정확히 파악하고 상담할 수 있는 능력

─내담자의 직업문제를 진단, 분류, 처리할 수 있는 능력

─내담자의 특성에 맞는 적합한 검사 방법을 선정하고 표준화된 절차에 따라 검사, 판정할 수 있는 능력

─ 노동 시장, 직업 세계 등과 관련된 직업 정보를 관리할 수 있는 능력

직업상담사 2급

자격 : 제한 없음

─노동 관계법규 관련 상담, 구인, 구직, 취업 상담, 진학 상담, 직업 적응 상담 등을 통하여 내담자의 문제점을 정확히 파악하고 상담할 수 있는 능력

─상담과 관련하여 목적에 적합한 검사 방법을 선정하고 표준화된 절

차에 따라 검사를 할 수 있는 능력의 유무

–노동시장, 직업세계 등과 관련된 직업 정보를 수집, 분석, 가공, 제

공할 수 있는 능력의 유무

배울 수 있는 곳 및 문의처

• 노동부 자격 진흥과 　　　　　02–503–9758

카페 지배인

카페 주인은 아니다. 그러나 카페 운영의 책임을 맡아서 하는 사람이다. 수많은 커피 전문점과 카페, 레스토랑을 주인이 모두 맡아서 운영할 수는 없다. 주인이 두세 개의 카페를 운영하는 경우 그 일을 모두 할 수는 없기 때문에 경영을 맡아 줄 카페 지배인이 요구되는 것이다.

카페 지배인의 일은 카페 운영 전반을 맡아서 하는 것이다. 즉, 새로운 카페를 오픈하는 일 즉, 업소의 인테리어, 개업에 필요한 홍보, 선전, 그 준비 작업 등과 종업원과 아르바이트생을 고용하는 일 등을 결정하거나 주인과 상의하여 결정한다.

또한 업소에서 팔 음식의 종류와 음료와 주류 등을 정하고 그 가격을 정하고 어떤 서비스를 제공해서 많은 손님을 끌 것인가를 연구 시행한다.

종업원들을 지도, 교육한다.

카페 영업 시작 시간부터 영업 끝시간까지 카페 영업을 책임진다. 매일매일의 영업 상황과 수입 지출 등을 결산한다.

다음 날에 필요한 재료와 준비물을 체크하고 그것을 종업원들에게 지시한다. 종업원들에게 그날 그날 필요한 지시와 시정사항을 전달하여 실행하게 한다.

지배인의 이런 모든 활동에 책임을 지는 사람이 곧 카페 지배인이다.

앞으로의 전망과 보수

경우에 따라 다르다. 주인에게 공정급으로 계약된 경우에는 한 달마다 일정한 월급을 받게 되는데 최소한 월 150만 원에서 200만 원 사이고 그 이상도 된다. 큰 카페나 영업이 잘 되는 경우 그 이상도 받을 수 있다.

공정급이 아니고 카페 운영 실적에 따라 받는 경우로 계약을 할 경우 운영 순수익의 3~10% 정도를 받는다. 운영 실적에 따른 보수 계약의 경우 앞의 고정급보다는 더 많은 운영 권한을 갖는다.

물론 그에 따르는 책임도 크다.

카페 지배인이 되는 길

카페 영업과 서비스 전반을 책임질 수 있는 능력과 경력을 인정받아야 한다. 카페 지배인이 되려면 호텔 종사원 교육을 받는 것이 좋다. 이 교육을 통해 철저한 서비스맨으로 태어난다. 훌륭한 서비스맨이 되었을 때에야 비로소 카페 주인의 신뢰를 얻어 카페 지배인이 될 수 있다.

현재 카페 지배인으로 활동하는 사람들의 경우 호텔의 접객 종사원 출신이 많다. 지배인이란 것이 원래 호텔 지배인에서 유래했기 때문이고 모든 카페나 업소 서비스와 운영은 호텔 서비스를 목표로 삼고 호텔의 노하우를 빌려 쓰고 있기 때문이다.

그러므로 카페 지배인이 되려고 하는 사람은 먼저 훌륭한 호텔맨이 되어야 한다. 호텔의 지배인 정도의 실력과 인정받은 사람이어야 훌륭한 카페 지배인이 될 수 있다. 따라서 카페 지배인이 되려고 하는 사람은 먼저 호텔 종사원 교육을 받아 두는 것이 좋다. 물론 이 교육을 받으면서 카페나 레스토랑의 종업원으로 아르바이트를 할 수도 있다.

그 후 교육을 마치면 대개 호텔에 취업을 하게 된다. 호텔에는 많은 일들이 있는데 식음료 부서에서 일을 하는 것이 카페 지배인이 되는 데 있어서 가장 유리하다.

배울 수 있는 곳 및 문의처

- 한국 바텐더 협회   02-532-9644

카드 디자이너

대부분의 카드사들이 일반 카드와 골드 카드 등 2가지 종류만 만들었다. 회색 표면이나 황금색 표면에 카드사 로고와 승인 번호만 넣었을 뿐 회사별로 별다른 차이를 보이지 않았다. 디자인의 필요성이 거의 없기 때문이다.

그러다가 제휴 카드가 만들어지면서 카드 디자인이 꽃을 피우기 시작했다. LG카드가 내놓은 「레이디 카드」는 생김새가 여성들에게 어필하며 회원 수가 급속히 늘어났다. 자주색 바탕에 화려한 꽃무늬를 새겨 여성들의 구매 심리를 자극한 것이다. 이 때부터 카드 디자인이 마케팅의 중요 요소로 등장했다. 카드 디자이너들이 본격적으로 생겨난 것도 이 무렵부터다.

앞으로의 전망과 보수

외주 업체들은 신용카드 1개의 디자인에 대략 3백만 원 정도를 받는다. 신용카드 주문도 많은 편이 못돼 다른 디자인을 겸업하는 게 일반적이다. 그러나 일반 인쇄물보다는 창작의 여지가 많은 만큼 풍부한 아이디어와 대중적 감각을 필요로 한다.

신용카드 디자인이 만들어지는 과정도 다른 상품 디자인과 비슷하다. 상품 개발 요청이 들어오면 기획 담당자와 상품 성격에 대해 먼저 논의한다. 상품의 고객 층이나 특성 등 주요 컨셉트(개념)를 충분히 이해해야 하기 때문이다.

컨셉트에 대한 이해가 끝나면 카드의 바탕색과 각종 이미지 등을 형상화하는 작업이 시작된다. 공동으로 작업할 경우 역할 분담을 했다가 합치기도 한다.

디자인이 완성됐다고 하더라도 상품 기획자와 또다시 협의해야 한다. 컨셉트에 대한 합의가 이루어지지 않으면 애써 만든 디자인이라도 채택되지 않기 때문이다.

카드 디자이너가 되는 길

카드 디자이너가 되는 길은 다른 디자이너들과 별 차이가 없다. 대학에서 시각 디자인이나 산업 디자인을 전공한 사람들이 우선 채용된다. 매킨토시 등 컴퓨터 그래픽에 능해야 하는 것도 기본이다.

카드 디자이너의 수요는 아직 많지 않다. 국내 8개 신용카드사 가운데 디자인실을 둔 곳이 2곳밖에 없기 때문이다.

배울 수 있는 곳 및 문의처

• 홍익대 산업 디자인과　　　　　02-320-1423

컬러리스트

물건을 구입한다고 할 때 제일 먼저 고려하는 것. 그것은 아마 디자인과 색상이 아닐까? 특히 옷을 살 때 제일 먼저 보게 되는 것은 컬러일 것이다. 또는 자동차를 사게 된다면 차종을 선택하고 난 다음 색깔을 먼저 선택할 것이다. 특히 여성의 경우 스틱이나 아이 섀도를 사게 된다면 가장 먼저 컬러를 보게 된다.

생산자는 제품 기획 생산 단계부터 소비자가 좋아하는 색깔을 중요히 여기고 가장 좋은 색상으로 제품을 생산해서 소비자에게 내놓으려고 한다. 가장 좋은 색깔의 제품을 만들려고 할 때 그 컬러를 찾아 내는 사람, 이들이 색상 전문가, 바로 컬러리스트이다.

제품 생산에 있어서 가장 적합한 색상을 선정하는 일을 한다.

컬러리스트가 제품의 색상을 선정하는 일의 대략 과정을 소개하면 아래와 같다.

1. 제품 생산 기획회 의에 참여하여 새로 생산할 물건의 특성, 주소

재, 비교 대상, 기능, 그 외 요구 사항 등을 지시받는다.

2. 생산하려고 하는 제품의 동종 제품의 색상에 관한 광범한 자료와 정보를 수집한다. 이미 나와 있는 제품이 갖는 색상의 장단점, 그 제품 소비자의 색상 반응 등 선진국이나 타업체 제품의 색상을 비교 분석한다.

3. 제품의 색상 시안을 만든다.

4. 각 시안을 가지고 소비자 선호도를 조사한다.

5. 조사 결과를 분석한다.

6. 평가와 자신의 창의력으로 시안을 만든다.

7. 기획 회의에 제시하고 수정 보완점을 찾는다.

8. 최종 시안을 만든다.

9. 그 색상으로 나온 제품의 소비자 반응을 살핀다.

10. 그 제품 색상이 수정 보완될 경우 다시 시안을 만든다. 색상 전문가는 늘 소비자의 색 반응, 선호도, 유행 색상 예견 등 자료와 정보를 수집, 분석하여 유행을 선도할 색상을 찾고 만든다.

앞으로의 전망과 보수

아직 우리나라에서는 「컬러」에 대한 인식과 중요성이 선진국에 비하면 낮은 편이다. 몇몇 선진 기업만이 이 컬러리스트를 고용하거나 컬러 전문 용역 업체에 맡겨 이 색상 선정 과제를 맡기고 있는 실정이다. 현재 기업에서 색상 일을 하는 사람은 제품의 디자이너로 입사하였다가 이 분야의 일을 많이 하고 색상 선정 작업을 하다 보니 자연스레 이 분야 실무자가 된 경우이다.

일본만 하더라도 색상 전문가 국가 자격증 제도가 시행될 만큼 색상에 대한 중요성을 일찍 인식하고 이를 위한 투자, 교육이 활성, 발전되었다.

우리나라에서도 색상의 중요성을 인식하고 이 분야의 전문가를 찾고 있지만 전문가가 없다. 혹 미술을 전공하려는 사람, 특히 디자인을 공부하려는 사람은 이 분야에 도전하길 바란다. 앞으로의 가능성이 많기 때문이다.

취업은 색상 선정 작업을 해야 하는 제품 메이커만 모두 가능하다. 그 중에서도 위에 말한 대로 색상이 중요한 소비자 구매 요인이 되는 제품 생산 회사이다. 자동차, 전자 제품, 화장품, 의류 회사 등이 바로 그것이다.

색상 전문가의 경우 높은 보수를 받는다. 그만큼 그 일이 중요하기 때문이다. 2년 경력이면 고소득이 보장된다. 미국의 경우 변호사와 맞먹는 고소득자이다.

색상 선정 작업이 생산에 중요한 역할을 하는 회사라면 대개 대기업이다. 다른 근무 조건은 대기업 수준으로 동일하다.

컬러리스트가 되는 길

색상 전문가가 되기 위한 교육을 받아야 한다. 현재 우리나라에서는 이 분야에 대한 전문 교육 기관이 없다. 혹 유학을 계획하고 있다면 이 분야를 공부하기 바란다.

혹 디자이너라면 색상 전문가를 필요로 하는 곳에 취업을 하면 된다. 색상 선정 분야로 사람을 따로 뽑지는 않는다. 점차 취업처가 늘어날 것이다. 색상 선정 분야가 중요시 되는 분야에 제품 디자이너로 취업을 해서 일을 하면서 전문가로 커 나갈 수밖에 다른 방법이 없다.

배울 수 있는 곳 및 문의처

- 한국 색채 연구소   02-3473-0005
- IRI 연구소   02-325-2389

캐릭터 디자이너

상품을 판매할 목적으로 인물이나 동물 등을 바탕으로 새롭게 만들어 낸 이미지를 캐릭터라고 한다. 캐릭터는 사물의 특징을 형상화한 마스코트인 셈이다. 이 캐릭터 사업이 최근에 최근 황금알을 낳는 거위로 인식되고 있다.

평범한 컵에 키티, 스누피, 도날드 덕 등의 캐릭터를 새겨 넣으면 값이 2~3배로 뛰는 것을 생각해 보라. 캐릭터를 개발한 회사는 캐릭터를 가방, 신방, 옷 등의 패션 상품에서부터 컵 등의 문구 용품과 완구, 출판, 게임, 멀티미디어 등에 이르기까지 라이센스(license) 계약을 체결함으로써 엄청난 돈을 벌어들일 수 있다. 일단 성공한 캐릭터는 계속해서 모양을 바꾸면서 무궁무진하게 쓸 수 있기 때문에 가장 각광받는 분야이기도 하다.

황금알을 낳는 캐릭터 산업의 이런 매력 때문에 캐릭터를 탄생시키는 디자이너, 즉 캐릭터 디자이너의 역할은 아주 중요하다고 할 수 있다. 캐릭터 디자이너는 캐릭터의 형체는 물론 캐릭터의 이름에서부터 특징이나 성격 등 전반적인 것에 관여

한다.

　일정한 출퇴근 시간과 제반 복리 후생은 일반 회사와 비슷하다. 보수는 신입 사원의 경우 (회사에 따라 다르지만) 그리 많은 것은 아니다. 중소 기업 디자이너의 경우 연봉 1,800만 원정도, 아직 우리 나라 실정으로는 캐릭터 디자이너의 연봉이 적절하게 정해지지 않았지만, 캐릭터 산업이 발달하는 만큼 점차 상승 곡선을 그릴 것으로 보인다.

　경력을 쌓아 다른 회사로 옮길 때나 승진을 할 경우에는 좀더 나은 대우를 받을 수 있다. 캐릭터 사업 분야도 연봉제가 도입되는 추세이기 때문에 해마다 연봉 협상에 들어가게 된다. 즉, 1년 이후부터는 같은 경력을 가졌다 하더라고 개인의 능력과 성과에 따라 연봉이 책정된다는 얘기다.

앞으로의 전망과 보수

　창의력이 없거나 수동적인 성격의 소유자는 캐릭터 디자이너로 대성하기 힘들다. 다양한 인물의 표정과 상황 설정에 대한 상상의 나래를 펴기 위해서 관찰력은 필수적이다, 관찰 대상을 밑천 삼아 끊임없이 상상력을 발휘해야 한다. 상상력은 가만히 앉아서 얻을 수는 없는 일, 세상을 변화시키는 문화 현상 특히 영화, 연극, 애니메이션 등에 관심을 가져야 한다.

그러나 아무리 기획력이 좋고 아이디어가 풍부하더라도 표현 능력이 떨어지면 소용 없다. 게다가 최종 완성은 컴퓨터로 작업을 해야 하기 때문에 기본적인 컴퓨터 사용법도 필수적으로 갖춰야 한다. 또한 캐릭터에 대한 애정을 가지고 늘 자료를 수집해야 한다. 하루 아침에 새로운 캐릭터가 머리 속에 떠오르는 것이 아니기 때문이다.

캐릭터 디자이너가 되는 길

규모가 큰 회사인 경우 공체를 통한 절차(서류-실기 또는 포트폴리오 제출-면접)를 밟아야 하는데, 100대 1이 기본일 정도로 경쟁률이 치열하다. 소규모 회사의 경우는 추천이나 소개를 통해 채용하는 경우가 많다.

어느 경우나 평이한 이력서보다는 개성이 톡톡 묻어나는 것을 선호하므로 이력서 작성시 정성을 기울이는 것이 좋다. 예를 들어 자신이 주인공으로 설정한 캐릭터에 대한 설명 같은 것 말이다.

실기 시험은 주로 일러스트나 제품 디자인 능력을 평가 할 수 있는 문제가 나온다. 따라서 평소 다양한 얼굴 표정이나 동물의 생김새 정도는 보지 않고도 그릴 수 있는 감각을 손에 익혀 두는 것이 무엇보다 중요하다.

하나 더, 자신의 전공이 꼭 디자인이나 만화가 아니더라도 캐릭터 디자이너가 될 수 있다. 이런 경우 캐릭터 전문 학원을 통해 데생 실력을 쌓아 두는 것이 필요하다.

배울 수 있는 곳 및 문의처

- 한성대 캐릭터 애니메이션학 전공
- 경북 과학대 캐릭터 산업 디자인 전공
- 나주대 캐릭터 산업 디자인과
- 부천대 캐릭터 애니메이션
- 강남 케릭터 디자인 학원   02-3482-4181
- 매스노벨티   02-780-2930
- 모닝글로리   02-701-4782
- 미래 디자인 학원   02-677-5055
- Mr, K   02-2267-3335
- 미코팬시   02-838-5501
- 바른손   02-2274-3391
- 쌈지   02-422-8111
- CSI   02-546-4317
- 아트 박스   02-520-0200

관련기관

- 여성 자원 금고   02-3662-4271
- 여성 민우회 일하는 여성의 집   02-409-9501
- 여성 신문 교육 문화원   02-512-3301~3
- 용산 일하는 여성의 집   02-796-3363
- 은평 일하는 여성의 집   02-389-1976
- 여성 자원 금고   www.hrb.or.kr
- 한경. 나래 텔레마케터 스쿨   www.ked.co.kr/ad/
  eduction/teleee.html

텔레커뮤니케이터

하루 종일 전화기만 붙들고 씨름하는 직업이 있다면 얼핏 떠오르기 쉬운 게 114의 전화 번호 안내원의 모습일 것이다. 하지만 하루 50여 통 정도의 상담 통화를 소화해낼 수 있다면 아주 유망한 직업이 있다. 미래 사회의 마케팅 전략에 있어서 필수적인 인력으로 급부상하는 텔레커뮤니케이터이다.

텔레커뮤니케이터는 말 그대로 전화 음성을 통한 상담직으로 고객들에게서 걸려 오는 전화를 받아 상담, 자문, 컨설팅까지 해내는 직업이다. 자사의 제품을 구입하려는 소비자와의 지속적인 관계(서비스 체계)를 어떻게 이루어가는가 하는 것이 기업의 성패를 좌우하는 현대 사회에서 기업의 이미지를 제고하는 것과 동시에 제품 판매를 병행하는 텔레커뮤니케이터의 역할은 매우 중요하다. 전화 상담을 상담자가 고객이나 잠재 소비자들을 일일이 만나는 것보다 원가 절감, 시간 절약 등의 효과를 볼 수 있어 1981년 미국의 제너럴 일렉트릭사에서 시험

적으로 도입한 이래 급부상하고 있는 직종으로 이미 국내에서
도 1986년 금융 기관들을 중심으로 등장한 이래 각종 기업에서
이 제도의 도임이 광범위하게 확산되고 있다.

게다가 현재 진행중인 이동 통신 서비스의 확산과 상용화,
그리고 PCS(개인용 휴대 전화기)의 일반화는 통화 요금의 하락
과 통화 대역의 광역화를 이끌어 전화 상담을 통한 홍보, 영업,
시장 조사의 중요성을 더욱 강화시킬 전망이다. 이러한 변화를
기업의 입장에서 볼 때는 짧은 시간에 여러 층의 고객에게 직
접적인 개인 서비스를 제공해야 하는 상황으로 시장이 변하는
것을 의미한다.

때문에 전문적인 텔레커뮤니케이터는 마테팅 영역의 필수
적이고도 주요한 인력이 되는 것이다. 실제로 텔레마케팅은
D.M(우편 광고)보다 3배 이상의 효과가 있다는 것으로 평가되
고 있다.

앞으로의 전망과 보수

취업 후 일정 기간의 실무 경력 속에서 이론과 경험을 모두
갖춘, 말 그대로 전문적인 텔레커뮤니케이터로 자리잡는 것이
보통이다. 때문에 대개의 회사에서는 면접을 통해 오디오 테스
트와 전화를 받는 태도, 일에 대한 의욕, 홍보 및 마케팅 능력

등을 고려하여 선발한다.

　텔레커뮤니케이터의 보수는 직장에 따라 차이가 꽤 심한 편이다. 적은 곳은 80만 원선, 많은 곳은 120만 원 정도의 기본급을 지급하는데 여기서 일정한 수당과 성과급 형태의 보수가 추가된다.

텔레커뮤니케이터가 되는 길

　현재 국내에서 진행되는 교육의 내용은 두 단계 정도로 구분되는데 기초 과정은 인바운드 서비스(고객으로부터 걸려오는 전화에 대한 상담)와 아웃바운드 서비스(상담자가 고객에게 전화를 걸어 실시하는 상담)에 대한 교육과 숙달 과정이고 다음 단계는 컴퓨터 데이터 베이스에 대한 학습이다. 상담에 필요한 정보를 상시적으로 확보하고 고객이 필요로 하는 정보를 바로 제시하기 위해서는 역할 수행에 필요한 정보(전문적인 정보, 비전문적인 정보를 막론하고)를 체계적으로 관리해야 하기 때문이다. 그리고 추가로 외국어 회화 능력을 보유한다면 취업의 폭이 더욱 확대된다고 할 수 있다.

　취업 과정은 대개 전문 강좌 수료증과 이력서로 서류 심사를 한 후에 면접 전형을 하는데 중점을 두는 부분은 면접이다. 앞에서도 간단히 언급했지만 기업의 전형 기준은 대체로 상담에 적합한 태도와 능력, 감각 등을 위주로 한다. 개인의 적성과도 꽤 밀접한 연관이 있는 부분이지만 좀더 구체적으로 말하면 다음과 같다.

우선 낯선 사람과 쉽게 사귈 수 있는 능력으로 친절과 상냥함이 몸에 배어 있을 필요가 있다. 그리고 듣고서 바로 반응하기보다는 생각하고 상대를 이해하면서 응답하는 습관이 있어야 한다. 다음으로 문제 해결에 대한 감각과 정치, 경제, 문화, 예술 등의 다방면에 대한 지식과 판단력, 고객과의 대화시 신뢰감을 주고 끝까지 성의를 다할 수 있는 성실성 등이 필요하다. 때문에 평소에 박학 다식하고 사람들에게 친절한 스타일이 사람에게 쉽게 접근할 수 있는 가능성이 있다.

텔레커뮤니케이터는 학력, 설별, 연령에 따른 제한이 거의 없는 직업이라는 것이 큰 장점이다. 그러나 업무의 특성상 밀폐된 공간에서 사람을 직접 만나지 않고 전화를 이용한 대화를 하루 종일 해야 하기 때문에 몇 년의 경력이 쌓이면 매너리즘에 빠지기 쉬운 직업이기도 하다. 하지만 전문적인 직업일수록 새롭게 변모하는 상황에 대해 한 발 앞서 파악하고 자신의 모습을 일신시켜 나가는 것이 성패의 관건이라는 점을 항상 생각하면 그런 일은 일어나지 않을 것이다.

배울 수 있는 곳 및 문의처

- 여성 자원금고　　　　　　　02-3662-4271
- 사랑의 전화　　　　　　　　02-712-8600

텔레마케팅 슈퍼바이저

통신을 이용해 구매자와 직접 상대하는 사람이 텔레마케터이다. '텔레마케팅 슈퍼바이저'는 이들을 관리하는 사람이고, 텔레마케팅이란 판매 사원을 위주로 한 마케팅 활동에서 벗어나 전화나 PC통신, 인터넷 등 정보 통신 기술을 활용해 고객의 요구를 충족시키고 새로운 고객을 발굴하는 새로운 마케팅 기법이다.

기존 마케팅이 불특정 다수 고객을 대상으로 하는 데 반해 텔레마케팅은 판매자와 구매자가 1대 1로 접촉하는 방식이어서 효과가 뛰어나다. 더구나 통신 수단을 이용하기 때문에 비용 절감 효과도 크다. 「저비용 고효율」 마케팅 기법인 셈이다. 정보 통신 인프라가 잘 돼 있는 선진국에서는 이미 보편화되어 있다.

기존 고객의 불만 사항 등을 통신 수단을 통해 접수, 상담해 주는 것을 「인바운드(Inbound)」 텔레마케팅이라 부르고 고객에게 유. 무형 상품을 권유하는 적극적 활동을 「아웃바운드」 텔레마케팅이라 한다.

앞으로의 전망과 보수

텔레마케팅이 국내에 도입된 것은 불과 5년 전이다. 학습지를 판매하거나 백화점의 상품 목록을 우편으로 배달하는 것 등이 초기의 텔레마케팅 형태였다. 그러나 PC통신이나 인터넷이 빠르게 성장하면서 이를 배경으로 텔레마케팅 기법이 다양해지는 것은 물론 관련 시장도 급팽창하고 있다. 현재 텔레마케팅을 도입한 기업은 6백여 업체, 이 곳에서 일하는 텔레마케터들만 9천여 명에 달하는 것으로 집계되고 있다. 업계에서는 텔레마케팅 시장규모가 연간 1조 원을 넘어섰으며 통신 산업의 발전속도에 따라 6조 원대까지 성장할 것으로 보고 있다. 미국의 경우 텔레마케팅 시장 규모가 9천 5백억 달러, 일본은 1조 8천억 엔으로 추정된다.

텔레마케팅 슈퍼바이저가 되는 길

텔레마케팅 시장이 성장 단계인 만큼 텔레마케팅 슈퍼바이저들은 아직 소수에 불과하다. 대부분의 기업은 고객 관리 부서에서 텔레마케팅을 부분적으로 시도하고 있다. 따라서, 이 분야에서 전문가로 인정받는 사람은 그리 많지 않다. 전국적으로 50~1백여 명 정도의 텔레마케팅 슈퍼바이저가 활동하고 있는 것으로 추정된다. 이들은 주로 텔레마케팅 전문회사나 텔레마케팅 기법을 앞서 도입한 백화점, 은행, 보험사, 카드 회사 등에 소속돼 있다. 텔레마케팅 시장 규모가 커지고 있는 만큼 이들의 숫자도 늘어날 것으로 예측된다. 텔레마케팅 슈퍼바이저는 소속 기업의 매출액 규모를 좌지우지할 정도로 기여도가 대단하다. 그런만큼 어느 직종 못지 않게 전문직으로 각광받고 있다.

텔레마케팅 슈퍼바이저는 단순히 텔레마케터를 관리하는 사람인 것만은 아니다. 텔레마케팅에 필요한 시스템(하드웨어)과 텔레마케팅 기법, 상품 개발 등을 총괄한다. 따라서, 마케팅 분야의 전반적인 노하우는 물론 정보 통신 분야의 전문적인 식견도 필요하다. 전문가들은 텔레마케팅 분야에서 5년 정도의 현장 경험을 쌓아야 텔레마케팅 슈퍼바이저로 인정받을 수 있다고 말한다.

배울 수 있는 곳 및 문의처

- 한경. 나래 텔레마테스쿨   www.ked.co.kr/ad/
  education/tele.html
- 예성 자원금고   02-3662-4271

특수 분장사

특수 분장은 인류의 역사와 함께 시작됐다. 원시 시대 사람들은 얼굴과 몸에 색을 칠하고 춤을 추면서 신과 가까워지려고 했던 것인데, 현재는 영화나 TV 드라마 등 영상 매체에서 없어서는 안 될 전문 분야로 자리잡고 있다.

특수 분장사는 SF 영화는 물론, 귀신이 나오는 공포 영화와 일반 멜로 드라마까지 거의 모든 영상 예술 분야에 꼭 필요한 전문직이다.

뿐만 아니라 뮤지컬, 연극, 패션 쇼 등에서도 특수 분장사를 필요로 한다.

특수 분장사가 하는 일은 뷰티 메이크업 혹은 일반 메이크업 더하기 특수 분장이다. 보통 특수 분장사는 영화 한 편의 메이크업을 모두 책임지기 때문에 4~6명 정도가 한 팀을 이루어 활동한다. 따라서 출연자들이 작품에 어울리도록 하는 일반적인 메이크업 기술도 가지고 있어야 하며, 주인공을 괴물로 변장시키기도 하고, 진짜처럼 보이는 심장이나 잘린 팔뚝 등의 소품까지 담당해야 한다.

그러나 우리나라의 특수 분장은 아직까지 헐리우드의 기술 수준에 미치지 못한다. 하지만 국내 영화 산업이 점점 특수 효과에 관심을 갖고 특수 분장에 뜻을 둔 여러 선배들의 노력 덕분에 이제는 헐리우드 영화에서나 보던 괴물과 귀신의 모습을 우리 영화에서도 자연스럽게 볼 수 있게 됐다.

앞으로의 전망과 보수

특수 분장사의 수입은 얼마나 될까? 이것 역시 일반 메이크업 아티스트와 마찬가지로 수입이 일정하지 않다.

영화를 많이 하게 되면 많이 벌게 되고, 반대로 조금밖에 하지 못하면 적게 벌게 된다. 그렇지만 실력을 인정받으면 한 번 일했던 감독과 계속해서 일을 할 수 있으며, 감독의 추천이나 영화개봉 후의 특수 분장의 평가에 따라 다른 감독과 함께 일을 할 수도 있다.

보통 영화 한 편당 받는 금액은 영화 내용이나 감독, 제작 기간 등에 따라 다르다.

장편 상업 영화일 경우에는 한 편에 1,000만 원 미만에서부터 6,000만 원까지 받는다고 한다. 하지만 이는 특수 분장사

혼자서 받는 금액이 결코 아니며, 약 3~4개월 정도 작업하고 특수 분장에 들어가는 재료비까지 포함되어 있는 데다 근무 시간도 따로 정해져 있지 않고, 영화 촬영에 들어가면 밤샘이 흔한 일이 되기 때문에 그리 많은 편이라고는 할 수 없다.

또한 영화 촬영중이 아니더라도 새로운 귀신이나 괴물의 모습을 디자인하고 그에 맞는 재료를 구해야 하며, 영화에 사용할 특수 피부를 완성하려면 적지 않은 시행 착오를 겪어야 하므로 늘 바쁘고 고된 일이라 할 수 있다.

특수 분장사로서 일을 하려면 영화, TV 등 자기가 일을 하는 예술 분야에 대한 애정을 가지고 있어야 하는데, 이는 영화나 TV를 많이 본 사람이 아무래도 특수 분장 기술에 대한 이해가 높기 때문이다.

특수 분장사 역시 일반 메이크업 아티스트와 마찬가지로 미적 감각을 필요로 한다. 특히, 조각 작품을 만드는 것과 같은 작업이 많기 때문에 대학의 조소학과 출신을 선호하는 경향이 있다. 조각을 해 본 사람은 알겠지만, 특수 분장 역시 조각을 하는 사람과 마찬가지로 힘이 세고 튼튼할수록 좋다.

그리고 괴물 모형이나 귀신 모형을 만들려면 근육이나 인체 해부학 등의 지식이 필요하기도 하므로 가능한 한 많은 분야에 대한 지식을 쌓아 두어야 한다. 또한 영화 많이 보고, 특이한 것을 만드는 것을 좋아하고, 부지런한 사람이면 특수 분장사의 꿈을 가져도 좋을 듯하다.

특수 분장사가 되는 길

특수 분장사가 되는 방법은 우선 국내 대학의 미용 또는 조소 관련 학과에 진학하거나, 사설 학원 등에 등록해 일반 메이크업과 특수 분장 기술을 함께 배우는 것이 일반적이다. 하지만 실전에 필요한 기술은 현장에서 활동하는 특수 분장사와 함께 일을 하면서 배워 나가야 한다. 그러니까 특수 분장사가 되려면 배움보다 취업을 먼저 해야 한다.

한편, 메이크업 아티스트가 여성의 섬세한 손길을 필요로 한다면 특수 분장사는 체력을 필요로 하기 때문에 남성의 진출이 여성보다 많은 편이다.

관련기관

- 메이지   02-2253-1900
- 유영 분장학원   02-544-8464
- 한국 메이크업 분장 예술가 협회 02-540-5802

특허 제도사

특허 제도사는 변리사의 업무를 도와 특허신청에 필요한 도면을 그리는 일을 한다.

변리사란 발명 특허, 실용 신안, 의장, 상표 등을 개발한 사람을 대신하여 특허 등록을 받도록 대리 업무를 해 주는 사람을 말한다.

특허 신청을 할 때는 반드시 명세서와 도면이 첨부되어야 한다. 명세서는 특허 대상 물품의 용도와 작동법 등을 소개한 것이다. 도면이란 그것의 육면도(정면, 뒷면, 사시(35도 각도), 좌우 측면도, 평면도)를 말한다.

특허 제도사는 바로 그 도면을 그린다. 특허 도면의 특징은 특허를 받고 싶은 부분이 강조되어 그려지는 것이다.

이 때 특허란 자연 법칙을 이용한 기술 개발을 가리킨다. 예를 들면 전자를 응용하여 전화기를 생각해 낸 것과 같다.

앞으로의 전망과 보수

우리나라에서 발명, 혹은 특허와 관련된 지적 재산권이 일반화된 것은 겨우 1987년 이후부터이다. 그 전까지는 국민 일반이 발명 혹은 특허라는 것에 별로 관심을 두지 않았던 것이다.

현재 우리나라의 개업 변리사 수는 상당수에 달한다. 특허 사무실만도 특허청을 중심으로 200여 개에 달한다고 한다. 특허 제도사는 600여 명에 이르지만 급증하는 특허 신청 건수에 비하여 여전히 부족하기만 한 숫자이다.

따라서 특허 전쟁 시대를 맞아 발명품에 대한 특허 신청이 늘어갈수록 더욱 바빠지는 사람들이 특허 제도사이다.

근무 시간은 속해 있는 특허 사무실에 따라 유동적이다. 출퇴근 시간이 정해져 있는 사무실이 있는가 하면 일감을 집으로 가져가서까지 끝내야 하는 사무실도 있다.

초봉은 별로 높지 않다. 대략 100만 원 정도. 2년 정도 도면 업무를 수행한 다음에 명세서를 작성하게 된다. 이 때부터는 한결 나은 보수를 받는다.

특허 제도사가 되는 길

특허 제도사 교육 과정이 있는 곳은 국내에 1곳뿐이다.

유일하게 대한 변리사 협회에서 특허 제도사 양성 과정을 개설하고 있다.

1) 교육 기간/모집 시기 : 매년 1회씩 2개월 과정

2) 시험 볼 수 있는 자격 : 27세 미만 고졸 이상의 이공계열 전공자에 한함(공업 고등학교나 전문대, 대학의 이공 계열. 특허 출원 자체가 공업 부분과 관련된 것이 주류를 이루는 까닭으로 94년부터 처음 적용됨)

3) 입학 절차/정원 : 이력서와 면접, 설문 조사, 그림(간단한 스케치) 테스트. 40명 정원

4) 교육 과정 : 산업 재산권 이론, 제도 이론, 도면 작성 실습 등을 배운다.

5) 교육비 : 무료

특허 제도사가 되려면 대한 변리사 협회에서 주관하는 교육 과정을 마치는 게 필수적이다. 협회가 특허 제도사 양성과정을 끝마친 사람들을 전원 특허 제도사로 취업시켜 주기 때문이다.

배울 수 있는 곳 및 문의처

- 대한 변리사 협회   02-552-0882

패션 어드바이저

패션 어드바이저라는 직업은 5개의 상품을 앞에 두고 망설이던 손님에게 과감하게 2개를 포기하게 하고 3개만을 권하는 전술로 결국 5개의 상품을 구입하도록 하는데 성공하는 패션 세일즈의 전문가이다.

국내에서는 숍 매니저 혹은 숍 마스터와 혼동되어 쓰이고 있고, 불리기도 한다. 숍 매니저가 판매원과 재고 관리 등 종합적인 판매 전략을 세워 실행하는 판매 책임자라면, 패션 어드바이저는 상품의 패션성과 품질을 이해하며 소비자에게 어드바이스해 주는 전문직이라는 점과 코디네이터적 역할이라는 점에서 상이하다.

패션 어드바이저를 이해함에 있어서 가장 중요한 것은 일반 판매원과의 구분이다. 판매원은 물건을 파는 것이 전부이지만 패션 어드바이저는 판매 외에도 서비스 정신을 가지고 고객에게 패션을 알게 하는 전문적 영역의 일을 한다. 따라서 마케팅에 대한 탐구과 코디네이트 기술 등의 패션 지식이 겸비되어야 한다. 하지만 자격증이 있는 것도 아니고 교육 과정이 따로 설정된 것이 아니기 때문에 취업 과정이 애매하지만 패션 관련학과의

학력이나 학원 수료 정도의 교육 수준에다가 외국어 실력이 있어야 한다. 현재 패션 어드바이저를 채용하고 있는 매장은 대부분 고가 의류점이나 수입 의류를 취급하고 있기에 어학실력이 요구된다.

앞으로의 전망과 보수

보수는 어시스턴트가 100만 원 정도이고 매니저이자 패션 어드바이저는 150여만 원에 플러스 알파가 있다.

패션 어드바이저는 패션 코디네이터 업무와 세일즈 마케팅적인 성격이 함께 요구되는 직업이다. 따라서 패션 전공자가 지망할 수도 있고, 오랜 판매원 생활로 경험과 필요한 교육 과정을 이수하고 자기 계발을 가진 후 어시스턴트 생활을 거쳐 패션 어드바이저가 될 수도 있다. 그러나 부단한 자기 노력이 필요하며, 판매원들은 학원에서 패션 비즈니스 분야를 꾸준히 공부하고 필요한 외국어의 획득을 위해 남모르는 준비를 꾸준히 한 후에야 비로소 획득할 수 있는 전문직이다.

패션 어드바이저가 되는 길

패션 어드바이저의 자질은 첫째가 패션 감각이다. 코디네이터에 관한 기본 지식이 있다면 거기에다 끊임없는 패션 정보의 확보로 감각을 계발해야 한다. 둘째는 기억력이 중요하다. 한 번 들른 손님은 최소한 얼굴만이라도 알아보거나 자신과 나눈 대화라도 기억하는 것이 우선이고 특별히 손님이 구입하고자 하는 물건은 뒤늦게라도 마련해서 전화로 알려 주는 식으로 손님과의 약속을 철저히 이행해야 한다.

수치심을 가리기 위해서나 추위나 더위 등 외부적 조건에서 보호받으려고 옷을 입는 시대는 이미 옛날이다. 그냥 아무 옷이나 걸치면 그만인 시대도 지났다. 이젠 누구나 패션을 말한다. 그리고 자신만의 독특한 패션을 연출하기도 한다. 그야말로 패션 시대라는 말이 실감나는 현재에 가장 가까이에서 누구에게나 패션 연출을 도와 줄 수 있는 패션 어드바이저라는 직업은 패션 시대에서 주력군 역할을 담당하고 있음이 확실하다.

우리나라에도 근래 들어 점차로 수입 의류 매장과 고가 의류 매장이 등장하고 있으며 앞으로는 그 증가 속도가 한층 더 빨라질 것이라는 전망이다. 이런 흐름에 발맞추어 패션 어드바이저라는 직업은 관심 있는 사람이면 시도해 볼 만한 가치가 있는 직업이다.

배울 수 있는 곳 및 문의처

- 시대 복 장학원   02-734-2111
- 인천 복장 학원   032-766-5300
- 기타 각 지역 패션 디자인 학원

피아노 조율사

피아노는 매우 훌륭한 음색을 지닌 악기이기 이전에 수많은 부속품으로 이루어진 복잡한 기계이다. 공장에서 물건을 생산하는 기계들이 지속적으로 닦고 조이고, 손질해 주지 않으면 나사가 풀어지고, 녹이 슬어 제 기능을 발휘할 수 없듯이, 피아노도 정기적으로 손을 봐 주지 않으면 제 음색을 내지 못한다. 이렇게 피아노를 정기적으로 손 봐 주는 것을 조율한다고 한다. 이는 모든 건반이 제 소리를 정확하게 낼 수 있도록 만들어주는 일인데 이 일을 전문적으로 하는 사람이 바로 피아노 조율사이다.

즉 피아노 조율사는 조율 포크와 여러 가지 공구를 이용, 피아노 내부에 있는 220여 개의 튜닝핀을 좌우로 회전시켜 바른 음정을 찾아 내고 기계적인 고장을 수리 · 조정하여 피아노가 완전한 음을 내도록 하는 사람이다. 조율을 할 때에는 먼저 피아노 상부의 보드를 열고 시험할 줄과 옆줄 사이에 펠트나 나무 조각을 놓는다. 다음에는 건반을 치고 조율 포크의 음과 비교하면서 음이 일치하도록 조율 핀을 조인다. 기본음이 완전한 음을 내면 이와 비교하면서 나머지 건반을 두드려 가며 바른 음정을 찾을 때까지 조율 핀을 조이는 것이 그들의 업무이다.

앞으로의 전망과 보수

취업하는 경우 초봉은 월 120만 원 정도이며, 3년 정도의 경력을 가진 사람의 수입은 월 180만 원 정도로 늘어난다. 자격 증을 소지한 사람은 자격 수당을 더 받을 수 있는 곳이 많다. 자영을 하는 경우에는 건당, 가정용 일반 피아노 조율시 7만 원, 그랜드 피아노 조율시 12만 원 정도를 받는다.

과거에는 피아노가 사치품에 속했지만 요즈음은 자녀들을 위한 조기 교육용으로 다소 무리를 해서라도 구입하는 집이 늘어나고 있는데다, 또 생활 수준이 높아지면서 피아노 보급이 연 14~20만대 가량씩 늘어가고 있다. 그런데 피아노는 제 음색을 내기 위해선 최소한 6개월에 한 번쯤은 조율을 해야 하기 때문에 피아노 조율사의 수요는 꾸준히 늘어갈 전망이다.

피아노 조율사가 되는 길

조율 기술을 배우기 위해서는 사설 피아노 조율 학원에 다니는 것이 좋다. 학원에서는 대개 4개월 과정과 6개월 과정을 개설하고 있는데, 4개월 반에서는 하루 2~3시간씩 주 5일 교육을, 6개월 과정에서는 하루 1~2시간씩 주 5일 교육을 실시한다.

피아노 조율사 자격 시험을 보통 피아노로 시험을 치르는 1급과, 그랜드 피아노로 시험을 치르는 2급으로 나뉘어 1년에 1회 실시된다. 2급 시험에 응시하는 데에는 학력이나 경력 등의 제한이 없지만, 1급 시험은 실무 경력이 7년 이상인 사람으로 응시자격이 제한되어 있다. 1급 시험은 보통 피아노로, 2급 시험은 그랜드 피아노로 치르는데, 필기와 실기로 나뉘어 실시된다. 시험 과목은 필기 시험이 악기의 구조, 음향학 기초, 조율, 액션 및 건반 조정, 피아노 수리법 등이고, 실기는 피아노 조율, 조정 작업 등이다.

문의처

- 한국 산업 인력 관리공단   02-3271-9081~5
- 한국 피아노 조율사 협회   02-732-2211

한복 기능사

편리함을 추구하던 풍조에 밀려 서양의 옷에 밀려났던 한복이 다시 우리 생활 깊숙이 파고 들어오고 있다. 심지어 으레 짧은 치마의 양장을 빼 입던 오피스걸들 중에서도 개량 한복을 즐겨 입는 사람들이 늘어나고, 직장이나 가정의 작은 행사에서 한복을 입는 사람들이 심심치 않게 눈에 띈다. 이는 우리의 멋을 찾고자 하는 사람들이 늘어난 탓도 있지만, 그보다는 한복이 우리 생활로 다시 돌아올 수 있도록 편리함과 멋을 더한 한복들을 많이 만들어 내는 한복인들의 공로가 크기 때문이다. 특히 한복 기능사들은 우리 주변의 수많은 한복집들을 중심으로 이러한 일들을 해 나가는 사람이다.

한복 기능사의 업무는 간단히 말해서 고객의 주문에 의해서 저고리, 치마, 두루마기, 마고자, 버선 등의 한복을 제조하거나 새로운 한복 디자인을 연구해 내는 것이다. 한복을 만드는 일은 우선 직물의 종류, 색상, 실용성, 원형본, 디자인에 관해 고객과 상의하는 것으로부터 시작한다. 다음에는 줄자를 사용하여 고객의 치수를 재고, 직물 위에 자, 연필, 분필 등을 이용하여 원형을 뜬다. 이것을 가위나 칼로 재단하여 재봉틀이나 손

바느질과 재봉을 하여 완성시키고, 고객의 주문에 따라 한복의 옷감에 수를 놓거나 여러 가지 장식을 하는 것으로 한 벌의 한복이 만들어진다. 이 밖에도 한복 기능사는 전통적인 한복을 현대적 감각에 맞게 디자인과 무늬 등을 끊임없이 연구하고 개발하는 일을 한다.

앞으로의 전망과 보수

한복 기술을 익힌 후 경력이나 자격증 없이 취업하는 경우 월 90만 원 정도의 보수를 받는다. 이는 그다지 많은 정도가 아니지만 관행상 일정 기간 정도 감수해야 실제 한복 제작 능력을 익힐 수 있다. 3년 정도 경력을 쌓으면 월 150~200만 원 정도의 수입을 올리는 사람들이 많다. 그러다가 한복 디자이너로 불릴 수 있을 정도가 되면 독립하여 개인 의상실을 운영하는 경우가 많은데, 월 400~500만 원 정도의 수입은 무난하다.

한복 기능사가 되는 길

현재 한복 기술을 배울 수 있는 곳으로는 직업 훈련원과 각 지방의 부녀 복지 회관 그리고 사설 복장 학원이나 한복 기술 학원이 있다. 각 지방의 직업 훈련원의 수강료는 무료이고, 부녀복지 회관은 1년에 세 번, 기별로 수강생을 모집한다.

또 사설 학원의 경우 대개 2~4개월의 교육 과정을 개설하고 있는데 철저히 개인 지도가 이루어지므로 하루 몇 시간씩 교육을 받느냐에 따라 결과가 달라진다.

한복 만드는 기술을 몸에 익히게 되면 시험을 치러서 자격증을 취득하거나 또는 학원에서 알선해 주는 곳에서 일을 할 수 있는데, 과거엔 자격증 유무를 별로 중요하게 여기지 않았지만 앞으로는 자격증을 취득해 두는 것이 유리하다.

한복 기능사 자격 시험은 한국 산업 인력 관리공단에서 1년에 2회 실시한다. 시험은 실기 시험에 먼저 합격해야 이론 시험에 응시할 수 있는 자격이 주어진다는 점이 특징이다. 한복 2급 기능사 시험은 실기 시험으로 5시간 내에 여자 저고리, 삼회장 저고리, 깨끼 저고리 등을 재단과 재봉하여 완성하는 테스트를 하며, 이론 시험 과목은 한복 재료, 복장 미학, 한복 제작법, 한복 관리, 안전 작업법 등이다. 한편 1급 기능사 자격 시험은 2급 기능사 자격증을 취득한 후 3년이 지나거나 혹은 한복 재단 8년 이상의 경력이 있어야 응시 자격을 얻을 수 있다.

문의처

- 한국 산업 인력 관리공단   02-3271-9081~5
- 우리 옷 협회   02-734-9477

호텔판촉지배인

화려하고 고급스런 환경 때문에 취업생들의 선망의 대상이 되고 있는 호텔. 호텔에는 손님을 맞는 도어맨에서부터 식음료를 책임지는 조리사와 바텐더까지 200여 개가 넘는 직종이 있다.

호텔 판촉 지배인은 호텔의 객실, 예약, 마케팅, 조리, 식음료 등 다양한 영역에서 각각의 파트를 관리하고 운용하는 호텔 지배인 가운데 한 사람으로 매출에 직접적인 영향을 미치며, 호텔 조직의 꽃으로 불릴 정도로 호텔 사업의 성패에 중요한 역할을 한다.

호텔 판촉 지배인의 업무는 일종의 세일즈 업무이지만 불특정 다수를 대상으로 하는 것이 아니라 특정 업체나 소비자를 대상으로 하기 때문에 일반 판매 영업과는 차이가 있으며, 보통 객실 판촉과 연회 판촉, 그리고 호텔 상품 판촉 이렇게 세 가지로 나뉘어진다. 즉, 객실 판촉의 경우는 외국인 회사나 기업체를 통한 외국인을 대상으로 하며, 연회 판촉은 거래 회사의 다양한 행사나 결혼식, 회갑연 등 고객의 사적인 행사를 유치한다. 그리고 호텔 상품 판촉은 어린이 날이나 크리스마스 등에 호텔에서 직접 주최하는 행사를 기획 · 판매하는 것이다.

따라서 호텔 판촉 지배인은 지역별로 영역을 나누어 신규 거래처를 개발할 뿐만 아니라 거래 회사와 계속적인 유대 관계를 맺어 다음 계약을 성사시킨다. 또한 객실이나 연회의 적절한 가격을 결정하고 호텔 자체 내의 행사를 기획하는 역할도 있다.

특히, 호텔 판촉 지배인은 거래 회사와 밀접한 관계를 유지해야 하므로 외부 활동이 매우 잦다. 거래가 성사되기까지 하루에도 여러 차례 자신의 담당 거래 회사를 방문하고 또 거래 회사 담당자가 호텔을 둘러보기 위해 직접 방문하기도 하기 때문에 호텔 안팎에서 항상 외부인을 만나야 한다.

보통 호텔은 거래 회사와 파트너 관계라고 하는데 이는 판촉 지배인의 업무가 거래 회사의 외국인 바이어를 접대하는 것으로도 이어지기 때문이다. 거래 회사의 외국인 바이어를 유치한 후에도 호텔 판촉 지배인은 이 고객들에게 호텔 안의 서비스를 이용할 수 있도록 도와 주어야 한다. 즉, 컴퓨터, 팩스, 회의용 슬라이드 영사기 등이 비치되어 있는 비즈니스 센터를 비롯하여 여러 편의 시설을 편안하게 이용할 수 있게 설명해 주는 다리 역할을 해야 한다.

앞으로의 전망과 보수

호텔 판촉 파트에 취업을 하게 되면 신입이라도 대부분 지배인의 직함을 얻게 된다. 다른 업무 영역보다 외부인을 접하게 되는 기회가 많기 때문에 그만큼 존중하는 것이다.

그러나 지배인도 경력에 따라 직급이나 연봉에 차이가 있는데, 호텔의 규모에 따라 다르긴 하지만 초임이 대략 1,800만 원 정도이고, 대리급 지배인의 경우에는 2,700만 원 정도이다. 경우에 따라서는 실적제를 도입, 초과 수당을 지급하는 호텔도 있으며 대부분 월 50여만 원의 판촉 활동비가 지급된다.

호텔 판촉직은 특별한 자격증이 요구되는 것은 아니지만 승진이나 자기 개발을 위해서 한국 관광 공사에서 주관하는 지배인 국가 자격 시험에 합격하면 도움이 된다. 시험은 총지배인, 1급 지배인, 2급 지배인으로 나누어지며, 과목은 필기와 면접, 영어 듣기 평가(2급 지배인 제외)가 있다.

호텔 판촉 지배인이 되는 길

규모가 큰 호텔의 경우에는 약 30~40명의 인원이 판촉을 담당한다. 이들은 대부분 4년제 대졸 이상의 학력으로 국내나 해외에서 호텔 관련 학과를 졸업한 사람이 많지만 특별히 전공에 제한이 있는 것은 아니다.

채용은 공채보다는 수시 채용이 많은데 채용하는 인원이 많지 않으므로 호텔 판촉직에 취업을 원하는 사람은 인사부를 찾아가 미리 이력서를 제출하는 등 적극적으로 준비하는 것이 좋다. 채용 시험은 공채일 경우 서류와 필기, 면접으로 진행되며 수시 채용의 경우에는 필기 시험이 생략된다. 그리고 면접은 대부분 총지배인과 영어 인터뷰로 진행되는데 외국계 호텔의 총지배인은 외국인이 많으므로 단순한 의사 소통 이상의 능숙하게 영어 회화를 구사할 수 있는 실력을 갖추어야 한다.

배울 수 있는 곳 및 문의처

- 한국 관광 공사   www.knto.or.kr
- 호텔 교육 센터   www.vegaspacific.co.kr
- 관광 서비스 취업 정보   www.homestel.com

환경 문제 전문가

거의 모든 환경 전문가는 더 나은 세상을 원했기 때문에 환경 전문가가 되었다고 얘기한다. 환경 전문가는 대중에게 제한된 자연 자원의 사용에 대한 정보를 알려 준다. 이들은 환경에 대해 연구하고 보고서를 작성하며, 기사를 쓰고 강의를 하고, 언론에 문제를 제기하며 의회와 단체에 로비를 벌이기도 하고 캠페인도 한다.

환경 연구가는 오염을 측정하고 우주 공간에서의 오존층 감소와 같은 오염의 속도나 유형에 대해서 연구하거나 교외의 오염된 하천 등에 대해서 연구한다. 정책 결정에 참여하는 환경 전문가는 어떻게 이러한 오염을 완화시킬 수 있는가에 대해서 토론한다. 어떤 기업은 재활용될 수 있는 상품이나 재활용된 재료로 만든 상품과 같은 환경 친화적인 상품을 만들어 팔기도 한다.

앞으로의 전망과 보수
이 직업은 긴 시간 속에서 때때로 어렵고 힘든 열악한 조건 속에서 일해야 한다.

"아무도 우리 말을 듣지 않습니다. 듣는다 해도 아무도 실천하지 않습니다."라고 한 환경 전문가는 말한다.

그러나 환경 전문가는 그 일에 대해서 어떤 금전적 보상을 받지 못한다 해도 자신이 하는 일이 옳은 일이라는 믿음을 가지고 있기에 따뜻한 마음으로 일을 해 나간다.

환경 문제 전문가가 되는 길

환경 전문가는 오염이나 생태계의 보존, 재활용 등에 관심을 가지고 이해하는 것이 중요하다. 대학에서 환경 공학이나 생물학, 생태학, 사회학 등을 공부하는 것도 이 분야의 전문가가 되는 데 있어서 유리하다. 그리고 이러한 일을 계속하는 데에는 새로운 지식에 대한 지속적인 탐구도 중요하다.

오늘날 공기를 정화하는 데 4백50억 달러가 소요되고 있으며 산업 폐기물을 처리하는 산업도 발전하고 있다.

환경 과학에 대한 관심이 높아지면서 더욱 많은 사람들이 이러한 분야의 전문가들을 원하고 있다. 한 번의 환경 사고로도 엄청난 재앙을 불러올 수 있기 때문에 환경 사고를 예방하기 위한 전문가들이 필요하다.

배울 수 있는 곳 및 문의처

- 환경 관리 공단   02-519-0114
- 연합 환경 학원   02-6678-2366
- 한신 기술 학원   02-814-8150

멀티미디어 PD

멀티미디어 PD란 시나리오 작가, 프로그래머, 아트디렉터 등과의 협동작업을 통해 멀티미디어 콘텐츠를 만들어 내기까지의 모든 과정을 기획 연출하는 사람을 말한다. CD롬 타이틀 제작 전반을 두루 알아야 하는 것은 물론 프로그래밍이나 그래픽 등 컴퓨터에 대한 해박한 지식도 필요하다.

멀티미디어 PD의 구체적인 역할은 상품 기획과 제작 기획 등 크게 두 가지로 나눌 수 있다. 상품 기획의 측면에서 멀티미디어 PD는 시장 조사를 통해 개발 과제를 선정하고 텍스트, 캐릭터 등의 자료 판권을 사는 아웃소싱 작업이나 유통 시장 확보 등의 업무를 맡게 된다.

하지만 멀티미디어 PD의 주 업무는 아무래도 제작 기획 분야에 있다. 우선 제작진을 구성한 뒤 프로그램 작성-인터페이스 설계-시나리오 작성 등을 거쳐 제작진을 관리해 가며 개발 과정을 진행한다. 1차 결과물인 프로토 타입이 나오면 오류 수정과 필드 테스트를 거친 뒤 완제품을 출시하게 된다.

앞으로의 전망과 보수

이런 멀티미디어 콘텐츠 산업의 시장 전망은 매우 밝다. 정보 통신 정책 연구원의 '정보 통신 산업 동향' 자료에 따르면 교육용 소프트웨어, 게임 소프트웨어 등 국내 멀티미디어 콘텐츠 산업의 시장 규모는 점점 그 범위가 확대되어 가면서 높은 성장률을 보이고 있다.

멀티미디어 PD가 되는 길

하지만 이 같은 장미빛 전망에도 불구하고 국내 콘텐츠 산업의 현주소는 열악한 수준에서 시작했으나 다양한 분야에서 두드러진 활동을 보여 주는 현재는 국내 멀티미디어 콘텐츠 제작업체 현황은 디지털 영상 제작 업체, 정보 제공 업체, 게임 및 교육용 소프트웨어 제작 업체 등을 총망라해 7백여 개에 이른다. 하지만 우리의 수준은 아직 걸음마 단계에 불과하다고 볼 수 있다. 업계에서는 콘텐츠 제작 업체가 창의력은 있지만 기획력과 제작 기술이 취약한 것을 가장 큰 문제점으로 지적하고 있다.

모든 소프트웨어 개발자가 그러하듯 멀티미디어 PD에게도 창의적인 사고 능력이 첫번째 덕목이다. 오디오나 그래픽에 대한 감각, 섬세함과 인내력 등도 필요한 자질들이다. 교육 기관으로는 MBC 아카데미와 서강대 언론 대학원, 멀티미디어 협회 등이 있다.

배울 수 있는 곳 및 문의처

- MBC 아카데미   02-2240-3800
- 서강대 언론 대학원   02-705-8182
- 한국 학술 진흥원 멀티미디어 지원 센터   02-561-1911

사이버 무역상

인터넷으로 국제 무역을 하는 미국 클린턴 정부의 전자 상거래 활성화 계획에 따라 사이버 무역의 무관세화가 결정된 데다 우리 나라에서도 관세를 매기지 않는 대신 내국세만 부과한다는 방침이 나왔다.

외국 바이어들과 인터넷 상담을 벌일 때 "한국에서는 관세를 매긴다고 하지 않느냐. 물건값을 더 깎아 달라."는 요청을 받아왔지만 그 때부터는 그런 걱정을 할 필요가 없어졌다.

앞으로의 전망과 보수

물건을 고르는 안목과 바이어에 대한 신용, 그리고 친절과 노력 등을 겸비한다면 사이버 거상이 되는 것은 시간 문제이다. 이제 모든 지구촌이 인터넷이라는 하나의 커다란 거미줄로 얽히게 되면 그 곳에서 활약하는 사이버 무역상의 활약은 일취월장할 것이다.

가방 안에 서류를 챙겨 넣고 비행기를 타는 세일즈맨들의 모습은 추억 속에서나 볼 수 있는 시대가 되었다.

사이버 무역상이 되는 길

사이버 무역상에게는 인터넷 항해 기술과 무역상식 및 어학 능력 등이 요구된다. 사이버 스페이스를 넘나들며 외국 바이어들과 만나려면 관련 쇼핑몰을 뒤져 바이어들과 온라인상에서 얼굴을 익혀야 하기 때문에 인터넷 검색 요령은 필수 요건이다. 또한 무역 거래에 대한 기초 지식과 영어에 능통해야 실수 없이 서류를 주고 받으며 신뢰를 쌓을 수 있다.

배울 수 있는 곳 및 문의처

- 한국 정보 산업 연합회   02-780-0201~4
- 한국 정보 처리 전문가 협회   02-338-2331

시스템 컨설턴트

시스템 컨설턴트는 컴퓨터를 제대로 이용할 수 있도록 도와 주는 역할을 하는 직업이다.

간단한 개인용 컴퓨터의 이용이야 학원을 다닌다거나 독학으로도 가능하지만 일정한 규모 이상의 기업에서는 얘기가 달라진다. 텔레비전처럼 어떤 제품을 쓰든 관계가 없어서 대충 설치할 수 있는 것도 아니고 또, 어떤 마음도 좋고 머리도 좋은 사람이 있어 각각의 기업에 딱 들어맞는 컴퓨터 시스템을 미리 만들어 놓고 주문을 기다리고 있다면 문제가 단순하겠지만 사람의 얼굴들이 각각 다르듯 기업의 업무나 규모도 제각각이고 필요로 하는 시스템 역시 제각각이다. 이럴 때 빛을 발하는 사람이 바로 시스템 컨설턴트이다. 시스템 컨설턴트는 수요자의 의뢰를 받으면 해당 기업의 규모, 자본금, 업무 특성 및 규모, 인원 등의 제반 조건을 고려하여 그 기업에 가장 알맞은 정도의 컴퓨터 시스템을 만들어 제공함으로써 기업의 생산성 증대에 커다란 역할을 한다.

그 실례로 포항 제철에서 방대한 기업 경영을 전산화하려는 목적으로 EIS(Executive Information System)라는 컴퓨터 시스템을 도입한 바 있다. 이 과정에서 반드시 필요한 사람이 시스템 컨설턴트이고, 일반인들이 보기에는 어마어마한 비용의 투자였지만 기업의 경영이라는 입장에서 보면 그만한 가치가 있는 일이었다. 전산 시스템의 도입으로 발생하게 되는 생산성 제고 등의 유형 무형의 이익은 그 투자액과는 비교할 수 있는 것이 아니기 때문이다.

앞으로의 전망과 보수

90년대만 해도 국내에 시스템 컨설팅을 전문으로 하는 회사는 몇 개의 다국적 기업과 포항 제철에서 만든 포스데이타가 있는 정도였으나 2000년대 들어와서 급증하였다. 그러나 시스템 컨설팅 회사에서 신입 사원을 모집한다고 공고를 낸 적도 없다. 이러한 이유로 공부할 수도 없고 해도 갈 데가 없지 않겠느냐고 항의를 하실지 모르겠지만 문은 두드려야 열리는 법이다.

시스템 컨설턴트로 일하고 있는 사람들은 신입 사원 모집공고를 보고 찾아 간 사람들이 아니라 여기저기 수소문하여 서류전형 혹은 면접 절차를 거쳐 특채 비슷한 형식으로 취직한 사람들이다. 힘들게 공부해서 쉽게 취직하는 것도 아닌데 누가 할까 하는 의심이 드는 분들을 위해 덧붙인다면 이 직업은 몇 년의 경력이 붙으면 우러 300만 원 정도의 보수는 가볍게 돌파한다고 한다. 우리 사회의 기준으로 본다면 상당히 좋은 보수 수준이다.

하지만 사람은 돈만 벌려고 사는 것이 아니기에 이 일도 자신이 좋아서 할 수 있는 사람이 아니면 하기 힘들다. 일 자체가 힘든 것은 물론 일을 수행하는 과정의 스트레스 역시 많을 수밖에 없다. 한 사람의 두뇌로 작게는 수십 명에서 많게는 수천, 수만의 종사자들이 움직이는 한 기업을 총괄, 분석, 평가하여 알맞은 설비와 프로그램을 제공하는 일이 쉬울 리는 없다. 물론 시스템 컨설팅을 위해서는 팀 단위로 작업이 진행되지만 각 개인들이 앞서 말한 부분들을 충족시키지 못한다면 일 자체의 진행에 무리가 따르기 때문이다.

시스템 컨설턴트가 되는길

이러한 이유로 시스템 컨설턴트가 되기 위해서는 컴퓨터 시스템 및 경영학과 관련된 충분한 지식이 필요하다. 현재 이 방면에서 일하고 있는 대다수의 사람들은 대학이나 대학원에서 전산 및 경영 관계 학과를 전공한 이들이다. 이유는 간단하다.

회사의 규모 및 특성에 맞는 적정한 설비를 위해서는 경영학적 지식이 필요하고 업무에 맞는 적절한 장비 및 프로그램을 위해서는 컴퓨터 시스템에 대한 지식이 필요하기 때문이다. 반드시 대졸 이상이어야 할 이유는 없다. 다만 직종이 필요로 하는 지식의 수준이 상당히 높다는 것이므로 이 두 가지 가운데 한 가지를 충족하고 있다면 시도해볼 만한 직종이다.

실제로 국내의 시스템 컨설팅 회사들은 일단 자질이 있어 보이는 이들을 골라 일정 기간에 걸친 재교육을 통해 인력을 양성하고 있다. 이 직종의 전문가들을 양성하는 교육 기관이 없는 탓이기도 하지만 일 자체가 이론적인 면보다는 실무적인 경험과 능력을 더 많이 요구하기 때문이다.

배울 수 있는 곳 및 문의처

- 한국 시스템 통합 연구원　　　　02-761-2060
- 한국 정보 기술원　　　　　　　02-786-8105

웹사이트 디자이너

인터넷이 시장의 새로운 주역으로 떠오르고 있다. 최근 자료에 의하면 2000년대에는 2천5백억 달러 이상의 상품과 서비스가 인터넷을 통하여 거래될 것이다. 기업에서는 이러한 현재의 상황을 잘 인식하고 있으며, 그들 기업의 홈페이지를 제작 관리할 웹 마스터와 웹 사이트 디자이너를 찾고 있다.

그래픽 디자이너 분야에서 새롭게 떠오르는 디자이너는 센스가 있어야 하며 월드 와이드 웹을 통해 4천5백만 명의 사람들에게서 직접 평가를 받으므로 시대를 반영한 새로운 변화를 끝없이 모색해야 한다. 기업이 대중들로부터 주목받는 웹 사이트를 통해 브랜드 가치를 높이고 광고 효과와 판매 성과를 올리려 하면 할수록 웹 디자이너의 가치는 더욱 높아질 것이다.

웹 마스터가 기술적으로 최종적인 웹 사이트를 만든다고 해도 처음에는 웹 디자이너를 통해서 그 사이트를 시각적으로 강조해야 함은 중요한 일이다.

앞으로의 전망과 보수

작가에 의해서 기획된 내용은 웹 디자이너와의 협의를 거쳐서 기능적인 요소와 사용자에게 친숙한 디자인으로 만들어지게 된다. 이러한 일을 하기 위해 웹 디자이너에게는 HTML에 대한 폭넓은 지식이 요구된다. 종종 웹 사이트 디자이너는 HTML의 전문가 수준 정도가 되기를 기대한다.

이와 함께 브라우저에 대한 지식, CGI, JAVA, PERL, C, UNIX 등의 프로그램 언어와 USENET, HTTP, FTP, E-MAIL 등에 대한 지식도 필요하지만 웹 디자이너에게 가장 중요한 것은 예술가적인 그래픽 전문 기술이다. 포토샵이나 fractal painter 3-D 모델링 소프트웨어와 같은 그래픽 어플리케이션을 다루는 기술은 디자인을 할 때 필수적이다.

또한 인터넷상에서 지켜야 할 네티켓 등을 잘 지켜나가면서 디자인을 해야 여러 사람들의 호응을 많이 받을 수 있는 사이트를 만들 수 있다.

웹사이트 디자이너가 되는 길

2000년대 들어 교육 기관이 전국에 생겼다. 그러나 어쨌든 성공적인 웹 사이트 디자이너가 되기 위해서는 여러 분야에 대한 폭넓은 지식과 창조성이 있어야 한다. 컴퓨터 공학이나 프로그래밍, 광고학, 그래픽이나 아트 디자인 등을 공부한 사람을 선호한다. 다른 분야에서와 마찬가지로 어떤 눈에 보이는 학력보다는 사이트에서 보여 줄 수 있는 기술이나 디자인 재능을 갖추고 있는 것이 더욱 중요하다. 기업들은 뛰어난 멀티미디어나 웹 디자인 저작물에 높은 관심을 가지고 있다. 그러므로 시간이 지남에 따라 자신의 웹 페이지에 기업의 로고나 광고 등을 실어 주는 것만으로도 보수를 받을 수 있다.

기업들은 웹 디자이너를 고용하기도 하지만 프리랜서 계약에 의한 재택 근무가 보편적이다. 이 분야는 현재 성장하고 있는 직업이며 2010년대에는 68% 이상의 성장률을 보일 것으로 전망되고 있다. 모든 기업이 웹을 통해서 그들의 상품을 홍보하려 하고 있기 때문에 웹 디자이너는 연예 산업에서부터 건강 보조 기구를 만드는 회사에 이르기까지 수많은 고객들과 일할 수 있을 것이다.

변화하는 기술과 시장에서 정상의 자리를 차지하기 위해서는 미래를 예견할 수 있는 능력을 가지는 것이 좋다.

배울 수 있는 곳 및 문의처

- 전국 웹사이트 디자이너 학원

웹 마스터

인터넷의 빠른 보급으로 웹 시장은 기하급수적으로 커지고 있다. 기업에서는 이미 웹의 중요성을 인식하여 실력 있는 웹 디자이너와 웹 마스터를 고용하기 위해서 혈안이 되어 있다. 미국의 유명 주간지 「웹 매거진」에서도 웹 마스터란 직업을 공식으로 보도하기 시작했다.

간단히 말해 웹 마스터는 웹 페이지의 저작자이다. 웹 마스터는 동료들과 기본적인 기술에 대해서 의견을 나눈다. 그들은 HTML에 대해서 잘 알 뿐만 아니라 CGI나 JAVA, UNIX 등에 대해서도 어느 정도의 지식을 가지고 있다. 사실 HTML 프로토콜과 같은 스크립트 언어들은 눈부신 속도로 업그레이드되기 때문에 이러한 추세를 따라 가려면 항상 관심을 가지고 있어야 한다.

웹 마스터는 이미 존재하는 사이트와 페이지를 운영하고 향상시키는 일을 한다. 이러한 일들을 처리하기 위해서 웹 마스터는 웹 디자이너나 시스템 관리자, 인터넷 · 인트라넷 전문가들과도 함께 일한다.

웹 마스터는 자신들의 사이트를 찾아 온 사람들에게 그 사이트를 확실히 인식시켜 주기 위해서 사이트의 디자인에도 신경을 써야 한다.

앞으로의 전망과 보수

우리나라에서는 아직 웹 마스터란 직업이 공식적으로 직업 분류에 들어가 있지 않기 때문에 얼마나 많은 사람들이 이 일에 종사하고 있는지 집계되지 않고 있다. 미국에서는 2만여 명의 웹 마스터들이 활동하고 있는 것으로 추산되고 있다.

웹 마스터는 고소득의 직종이면서 대단히 개방적이며 개인적인 일을 한다. 일 자체는 사무실에 앉아서 하는 일이지만 긴 시간 동안 기술과 예산을 놓고 씨름해야 한다.

급속하게 떠오르는 이 직종은 정해진 어떤 자격이나 학력을 요구하지는 않는다. 창조성과 정직한 기술만 있으면 된다. 컴퓨터 공학이나 프로그래밍, 광고에 대한 지식이나 글솜씨가 뛰어나면 더욱 좋다.

컴퓨터 공학이나 문학에서 학사 학위를 따는 것도 중요하지만 오늘 배운 지식도 내일은 구식이 될 만큼 기술의 진보가 빠른 이 분야에서는 끊임없이 연구하는 자세가 더욱 중요하다.

점진적으로 개인이나 작은 기업에 의한 인터넷 전자 상거래
가 증가하고 있지만 웹의 물결에서 선두의 자리를 차지하려는
거대한 기업들간의 경쟁이 더욱 치열해지고 있다. 현재 가지고
있는 네트워크에 투자할 여유가 없는 회사까지도 디자이너와
웹 마스터를 고용하고 있다.

상황은 급속히 변해 가고 있다. 1년 전만 해도 이 분야의 전
문가였지만, 지금은 그저 기초적인 지식만을 가지고 있는 수준
에 불과한 사람도 있다. 기업들은 좀 더 많은 지식을 보유하고
있는 사람을 항상 찾고 있다.

웹 페이지는 진보된 컴퓨터 그래픽 기술과 마케팅 주변 장
치들로 인해서 상거래에서 필수적인 수단으로 떠오르고 있다.
현재 웹 개발자는 수요에 비해 공급이 딸리는 실정이므로 전망
은 매우 밝다. 국내에서 활동하고 있는 웹 마스터에 대한 정확
한 통계는 없지만 홈 페이지를 갖고 있는 기업이나 단체라면
어디나 웹 마스터가 있다고 보면 된다.

물론 이 가운데 대부분은 다른 업무를 맡으면서 보조로 홈
페이지를 관리하는 정도에 그치고 있기 때문에 엄밀한 의미에
서 보면 웹 마스터가 아니다. 그러나 현실적으로 웹 마스터를
하는 사람은 1백50~ 2백여 명에 이를 것으로 추산된다.

하지만 현재 뛰어난 웹 마스터라고 특별히 많은 돈을 벌지

는 못한다. 아직은 웹 마스터가 정착되지 않은 데다 대부분 기업체의 직원으로 소속돼 있기 때문이다.

그러나 웹 마스터의 역할이 커지고 위상도 높아지면 급여 수준도 개선될 게 확실하다. 국내에도 능력에 따라 연봉이 결정되는 연봉제가 확산되는 추세이므로 앞으로는 이들 전문가의 고액 연봉 시대가 열릴 것으로 전망된다.

웹 마스터가 되는 길

이런 웹 마스터가 되는 길은 아직까지 공식화되어 있지는 않다. 관련 자격증도 없고 객관적인 자격 요건이 정해져 있지도 않다. 가장 쉬운 방법은 컴퓨터 관련 학원에서 교육 과정을 이수하는 것이다. 대개 3~6개월 과정으로 짜여져 있다. 기관마다 차이는 있지만 대개는 HTML, 자바, WWW 프로그래밍, 웹 구축 실습 등을 강의한다. 마케팅과 콘텐츠 개발까지 가르치는 곳도 있다. 수강료는 만만찮다. 1개월에 40만 원 전후가 보통이다. 6개월 과정의 경우 1백70만~2백만 원이 든다.

배울 수 있는 곳 및 문의처

- 웹 마스터 클럽   www.webmasterclub.org
- 웹마스터학원(강남국제IT)   www.stepbystep.co.kr

엑스트라넷
데이터 베이스 매니저

「엑스트라넷」이란 기업 내부 직원과 고객, 협력 업체 직원들이 각각 필요로 하는 정보를 검색할 수 있는 접근 창구로 이 엑스트라넷의 데이터 베이스를 구성하는 직업이 「엑스트라넷 데이터 베이스 매니저」이다.

즉, 데이터 베이스 디자인과 그래픽, 액세스 컨트롤 작업, 내부 애플리케이션 개발이 「엑스트라넷 데이터 베이스 매니저」가 하는 일이다. 또한, 고객 관리와 데이터 베이스를 구성하는 데 필요한 정보를 얻기 위해 협력 업체 직원들과 긴밀한 관계를 맺는 일도 중요한 업무 가운데 하나다.

앞으로의 전망과 보수

인터넷이 기업과 고객을 연결하는 중요한 통신 수단으로 정착해 가는 등 웹 기술이 더욱 광범위해질수록 기업에서는 이를 활용한 이익 창출로 눈을 돌리는 것은 당연한 일이다. 이런 관점에서 본다면 엑스트라넷 데이터 베이스 관리자는 앞으로 기

업의 핵심 업무가 되어 수요가 끊이지 않을 것이라는 전망이
지배적이다.

데이터 베이스 매니저가 되는 길

엑스트라넷 데이터 베이스 매니저가 되기 위해서는 기업의
전산 플랫폼 환경을 이해하는 것이 급선무다. 기업 네트워크
현황은 물론이고, 다양한 브라우저와 운영 체제를 사용하는 고
객이 많기 때문에 기본적으로 인터넷을 숙지하고 있어야 한다.

그리고 전화 문의에 신속하게 응답할 수 있도록 GUI 개발
환경에도 친숙해져야 한다. 데이터 베이스 구성에서 각종 신기
술 도입이 관건인 점을 감안하면 신기술에 밝고 포용력 있는
자세가 중요하다. 동시에 필요한 정보에 대한 접근점을 아는
것도 중요하다.

배울 수 있는 곳 및 문의처

- 한국 데이터 베이스 진흥 협회　02-318-5050
- 뉴호라이슨 코리아　02-723-7816

IP 비즈니스맨

우리나라의 인터넷 현주소는 가히 눈부실 정도이다. 광 네트워크를 중심으로 엄청난 발전을 해 온 우리나라의 온라인은 세계가 부러워할 만하다. 때문에 그것을 바탕으로 한 대학생이나 샐러리 맨, 실직자들을 중심으로 IP 창업 붐이 한창이다.

IP 업계의 성장은 정보화 속도와 밀접한 관련이 있다. 국내에서도 이미 「한가정 PC 1대」 시대가 도래한 만큼 정보 수요량도 엄청나다. '참신한 정보를 띄우면 수요는 자연히 창출된다'는 게 이쪽 업계의 주장이다. 따라서 한 순간에 고액 연봉의 사업가로 변신할 수 있다는 매력이 있다.

앞으로의 전망과 보수

IP 업계가 취급하는 정보의 종류와 가짓수는 무궁무진하다. 경제·산업, 증권·금융 정보에서부터 과학 기술, 교육, 생활, 오락, 문화 등에 이르기까지 다양하다. 한 마디로 도처에 널려 있는 1차 정보를 찾아 잘만 가공하면 훌륭한 상품으로 만들 수 있다. 현재 국내에는 문화 관련 정보를 제공하는 IP 업체들이 가장 많다.

이들 대부분은 창업 초기에 주로 재택 근무 형태로 시작한다. 컴퓨터 한 대와 모뎀, 전화기만 갖추면 오케이다. 사업성 있는 정보를 선택, 가공해 PC통신이나 인터넷에 올리면 된다. 그 수익은 천차만별이어서 3억~5억 원대의 고액 연봉자가 있는가 하면 월수입 1백만 원도 안 되는 IP들도 있지만 한 가지 누구도 부정할 수 없는 명백한 사실은 IP는 영원하다는 것이다.

IP 비지니스 맨이 되는 길

IP가 되기 위해서는 우선 철저한 사전 준비가 필수적이다. 사업 아이템에 대한 시장 수요 반응과 전망을 면밀히 분석해야 한다. 예컨대 결혼 정보 서비스를 선택했다면 현재 시장 상황은 어떻고 이 분야 IP 업체들의 활동은 어느 수준인지, 특화시킬 분야는 없는지, 사업성이 있는지 등을 꼼꼼히 따져 봐야 한다.

투자 비용은 사업 규모에 따라 다르다. 재택 근무로 시작할 경우는 컴퓨터와 소프트웨어, 전화기, 팩스만 있으면 된다. 따라서 평균 4백만 원 정도가 필요하다. 그러나 처음부터 사업을 크게 벌일 생각이라면 인력 확보, 사무실 임대 계획까지 잡아야 한다. 이 경우 창업 자금은 많게는 1억 원까지 늘어나게 된다.

정보원 발굴도 중요하다. 여기서는 신뢰도와 지명도를 우선 감안해야 한다. 예컨대 경제 관련 뉴스를 사업 아이템으로 잡았다면 적어도 다우존스, 브리지, 블룸버그 등 경제 전문 채널 정도는 확보해야 한다.

PC 통신에 정보를 띄우려면 제안서를 작성, PC통신 업체들의 심사를 받아야 한다. 심사 기준은 매우 까다로우며 서비스 신뢰도와 안정적인 정보제공 능력 등이 우선 순위로 꼽힌다. 최근 들어 각 PC통신사에는 IP 창업 열기를 반영, 제안서가 쇄도하고 있지만 통과된 경우는 불과 30%도 안 된다. 제안서가 통과됐다면 마지막으로 해당 지역 관할 세무서에 사업자 등록을 해야 한다.

정보 이용료는 보통 분당 50~1백 원이다. 정보 종류에 따라 많게는 4천~5천 원까지 올라간다. 이용료 수입은 PC통신 업체와 IP업체가 보통 6대 4정도로 나눠 갖는다.

4대 PC통신 IP 개발팀 연락처

- 하이텔   02-3289-2631
- 천리안   02-220-7053
- 나우누리   02-590-3979
- 유니텔   02-3415-6643

인터넷 정보 검색사

국내에서는 정보 검색이 아직 별도의 직종으로 뚜렷하게 자리를 잡지 못했다. 대부분의 정보 검색사들은 대기업, 관공서, 연구소 등에서 직장인으로 활동하고 있다. 다시 말해 인터넷 정보 검색만을 주 업무로 하는 사람은 그렇게 많지 않다는 얘기다. 때문에 국내 정보 검색사 규모와 관련 시장의 규모를 정확히 파악하긴 쉽지 않다.

앞으로의 전망과 보수

그러나 인터넷에서 관련 정보를 발굴해 이를 가공, 판매하는 경영 및 무역 컨설팅업체까지 포함시킬 경우 국내에는 4백~5백 개 이상의 정보 검색 서비스 업체가 있다고 볼 수 있다. 또 전문가들은 국내 전체 인터넷 인구 2,000만 명 중 5% 정도를 전문적인 정보 검색 서비스를 할 수 있는 인력으로 추산하고 있다. 시장만 형성되면 언제든지 프로 전문 검색사로 나갈 수 있는 잠재 창업 멤버들인 셈이다. 정보를 아웃소싱하는 게 오히려 싸다는 인식만 확산되면 3, 4년내 연간 수조 원 이상의 정보 검색시장이 형성될 수 있을 것으로 보인다.

정보 검색이 전문 직종으로 자리매김하지 못하면서 검색사로 일하고 있는 이들은 데이터 베이스 진흥 센터 내 정보 검색 위원회(KISEC)를 결성해 정보를 교환하고 있다.

정보 검색사가 되는 길

인터넷 정보 검색사가 되기 위해선 컴퓨터 활용을 위한 기본 지식을 갖춘 후 교육 기관을 찾으면 된다. 현재 인터넷 정보 검색 교육을 실시하고 있는 기관은 한국 정보 통신 진흥 협회가 지정한 27개 전문 교육 기관과 연세대 전문 교육원 인터넷 전문가 과정 등이 있다. 또, 한국 통신 등 10여 개 인터넷 서비스 기관(ISP)도 수시로 교육 프로그램을 무료로 개설하고 있다.

대부분의 인터넷 교육은 1개월 단위의 단기 코스와 3개월 기간의 프로그램으로 이루어진다. 또 인터넷 관련 책자도 쏟아져 나오고 있어 컴퓨터 활용 능력만 어느 정도 갖추고 있으면 검색 능력을 스스로 익힐 수 있다.

취업을 목적으로 하는 경우엔 정보 검색사 자격증을 취득하는 것도 고려해 볼 만하다. 아직은 민간 단체가 부여하는 자격증이지만 정보 검색사에 대한 수요가 늘어날 경우 자격증을 지니고 있으면 취업에서 유리한 위치를 차지할 수 있기 때문이다. 최근 들어 인터넷 인증 취득자를 우선적으로 채용하겠다는 기업도 늘고 있는 추세다.

국내에서 가장 먼저 정보 검색사 인증 시험을 보고 있는 기관은 정보 통신부 산하 법정 단체인 한국 정보 통신 진흥 협회다. 이 협회는 지난 1996년 11월부터 일반 1급 전문가 과정별로 시험을 실시해 자격증을 주고 있다. 전문가 과정은 실기 평가만 5시간이나 진행될 정도로 까다롭다. 이 밖에 한국 능률 협회 생산성 본부, 교육 소프트웨어 진흥 센터에서 인증시험을 실시하고 있다.

배울 수 있는 곳 및 문의처

- 연세대 전문 교육원 인터넷 과정
- 서울 직업 전문 학교 02-744-1472
- 현대 정보 기술 1588-7282
- LG 소프트 스쿨 02-369-9812

전자상거래 디렉터

전자 상거래 디렉터란 전략적인 전자 상거래 기획을 담당하는 직업으로 한마디로 말하면 기술과 비즈니스를 통합하는 작업을 하는 사람이다.

즉, 개발자와 함께 웹에 신기술을 적용하고 영업 사원들과 함께 그들의 요구 사항이 간편하고 정확하게 전자상거래에 반영될 수 있도록 조절하는 일을 한다. 인터넷 상거래의 비중이 날로 높아가는 현실을 감안하면 전자 상거래 디렉터의 위치는 상당한 것이다.

이 직업에 있어서 가장 중요한 능력은 비즈니스와 기술 능력을 상호 적절하게 조화시키는 것이다. 고객의 문제가 무엇인지 파악할 수 있는 분석적인 기질도 필요하다.

앞으로의 전망과 보수

또 전자 상거래는 개념이나 기술적인 측면에서 빠른 속도로 변화하고 있기 때문에 이후 6개월이나 1년 이후에 초점을 맞추어서 비전을 수립하는 것이 중요하다. 하지만 이에 비해 실제 성과물은 미약하고, 지연되기 마련이기 때문에 참을성을 갖는 것도 필요한 자질 가운데 하나다.

전자 상거래 디렉터가 되는 길

중간 마진을 줄이고 비즈니스에 필요한 비용을 절감시킬 수 있는 전자 상거래는 다양한 이점 때문에 향후 유통 산업은 물론 전 산업 분야에 혁명을 일으킬 것으로 전망되고 있다.

이용자의 욕구를 만족시키면서 새로운 사이버 스페이스를 주도하기 위한 업체간 쟁탈전이 치열해질수록, 기업에서는 이를 선도할 강력한 인물을 필요로 한다. 이런 역할을 수행하는 사람이 바로 전자 상거래 디렉터이다.

배울 수 있는 곳 및 문의처

- 한국 산업 인력 공단　　　02-3711-9081~5
- 삼성 멀티 캠퍼스　　　　02-3429-5114
- 한국 휴렛팩커드　　　　02-769-0114

정보기술 컨설턴트

정보 기술(IT) 컨설턴트라는 직업은 외국에서는 이미 유망한 전문 기술사업으로 자리잡은 직업이다. 국내에 이 직업이 소개된 것은 1990년대 들어 시스템 컨설팅을 전문으로 하는 다국적 기업이 국내에 진출하면서부터다.

최근 대부분의 기업들이 기업 경영에 컴퓨터 시스템, 그룹웨어, 인트라넷 등을 도입하므로 정보 기술 컨설턴트들이 각광을 받고 있다.

IT 컨설턴트는 수요자의 의뢰를 받으면 해당 기업의 규모, 자본금, 업무 특성 및 규모, 인원 등의 제반 조건을 고려하여 그 기업에 가장 알맞는 컴퓨터 시스템을 만들어 제공함으로써 기업의 생산성 증대에 커다란 역할을 한다.

앞으로의 전망과 보수

이 분야는 컴퓨터 하드웨어, 소프트웨어뿐만 아니라 경영학이나 회계학 등에 관련된 충분한 지식이 필요한 고수준의 직종이다. 이들에 대한 보수는 상당히 좋은 편으로 일반 직종의 급여보다 20~30% 정도 높다.

국내 IT 컨설팅 시장은 사실상 외국계 기업이 주도하고 있다. 전체 시장의 60% 이상이 외국계 컨설팅 업체들의 몫이다. 앤더슨 컨설팅이나 오라클, 프라이스워터 하우스 등이 대표적이다.

그러나 최근 들어 한국 컨설팅 업체들의 성장세가 뚜렷하다. 실제로 대기업이나 관공서 등에서 국내 IT 컨설팅 업체에 의뢰하는 프로젝트가 크게 늘고 있는 추세이다. 이는 무엇보다 풍성한 노하우를 가진 IT 컨설턴트들이 대거 쏟아져나온 데 따른 것이다.

국내에서 이름을 날리는 IT 컨설턴트들 중 상당수가 외국계 기업에서 경험을 쌓은 사람들이다. 물론 척박한 풍토에서 출발해 자수성가한 사람들도 적지 않다. 최근에는 경영학 석사(MBA) 출신의 젊은 IT 컨설턴트들이 대거 쏟아져 나오고 있다.

유능한 IT 컨설턴트라고 해도 창업하기란 쉽지 않다. 기술력뿐 아니라 경영자적인 능력을 갖춰야 하기 때문이다. 따라서 IT 컨설턴트들 가운데 독립할 경우 재택 사무실(SOHO)로 출발하는 경우가 상당수이다.

이 경우는 IT 컨설팅 업체들이 수행하는 프로젝트 중 한 부분을 떼내 맡게 되는 형식이다. 유명세만 타면 월소득 1천만 원 정도는 가능하다.

들여놓은 사람은 보통 장기간(8~10년)에 걸쳐 훈련을 해야 한다. 특정 분야에 대한 전문 지식도 쌓아야 할 뿐만 아니라 무수한 현장경험을 통해 업종에 대한 전반적인 이해력도 갖춰야 한다.

정보 기술 컨설턴트가 되는 길

IT 컨설팅 분야에 처음으로 들어서 IT 컨설턴트가 되기를 꿈꾸는 사람들에게는 일반적으로 두 가지 길이 있다. 곧바로 컨설팅 업체에 입사하든지 아니면 삼성 SDS, LG-EDS 등 시스템 통합(SI) 업체들에서 경력을 쌓는 것이다.

IT 컨설턴트를 키우는 전문 교육 기관도 있다. 한국 능률협회 컨설팅이나 한국 생산성 본부 등이 대표적이다. 그러나 컨설턴트는 단기간의 교육을 통해 만들어질 수 없다.

따라서 이러한 곳들은 컨설팅 관련 업종에서 일하는 사람들의 재교육 기관 성격이 강하다.

IT 컨설턴트가 되기 위해서는 몇 가지 기본적인 자질이 필요하다. 우선 말을 잘 해야 한다. 컨설팅이란 고객을 집요하게 설득해 원하는 방향으로 이끄는 작업이기 때문이다. 또, 환경 변화에 재빠르게 적응해야 한다. 정보 기술의 변화 속도는 워낙 빨라 조금이라도 뒤처지면 낙오되기 십상이다. 따라서 천성이 부지런해야 한다.

배울 수 있는 곳 및 문의처

- 한국 능률 협회   02-3766-0114
- 한국 생산성 본부   www.kpc.or.kr

정보통신기술자

정보 통신 기술자는 전자 공학과 통신 공학을 바탕으로 제품의 설계, 연구·개발, 검사 업무를 수행하는 사람이다. 전자 공학은 전자 회로 시스템 분야, 디지털 분야, 컴퓨터 시스템 분야, 통신 분야, 제어 및 반도체 분야와 고주파 및 광파 분야, 컴퓨터 및 회로 설계 분야, 통신 및 신호 처리 분야 등으로 나눌 수 있다.

정보 통신 관련 분야에 사용되는 제품에는 네트워크 장비, 통신 단말기, 교환기, 전송 장비와 같은 통신 기기와 모니터, 컴퓨터 주변 기기와 본체를 포함하는 정보 기기, 메모리, 비메모리 반도체와 LCD, 통신용 부품 등과 같은 부품, 위성 방송 수신기, 방송국용 비디오 및 오디오 기기, 방송 기기, 가정용 전자 제품, 전자 의료기기 등이 있다. 이들 제품이나 장치를 개발하고 설계하고 관리하는 일을 정보 통신 기술자가 한다.

일반적으로 정보 통신 기술자는 팀을 이루어 업무를 수행한다. 규모가 큰 제품 개발이나 연구 과제를 수행할 때는 여러 전문가가 일을 나누어 함께 프로젝트를 담당한다. 기본적으로 컴퓨터나 관련 전자 장비를 사용하여 모의 실험을 실시하거나 관련 제품이나 연구 결과를 시험한다. 또 제품 개발과 관련된 특허출원이나 보고서들을 작성할 때 개발에 필요한 명세서를 작성하고 계획한다.

전자 제품이 점차 복잡해지고 첨단 기술을 적용하여 제조됨에 따라 과거의 단순 영업이 어려워지고 있어 사무직이나 관리 지원, 영업 분야에서도 전문적인 기술 지식을 가지고 있는 기술자 출신의 담당 업무가 늘어나고 있다.

이 분야는 매우 빠른 속도로 기술 진보가 이루어지고 있어 새로운 경향의 파악에 적응하고자 끊임없이 노력을 기울여야 한다.

앞으로의 전망과 보수

최근에는 벤처 기업의 열풍으로 소규모 기업에서 일하는 정보 통신 기술자의 임금이 월등히 높으나 이들 대부분이 스톡옵션으로 받고 있어서 정확한 집계는 어렵다. 실질적으로 회사의 사정에 따라 지급 형태가 다르지만 국내 기업의 경우는 대졸 초임의 경우 약 1800만 원 정도를 받는다. 그러나 성과급이나 스톡옵션을 포함한다면 더 많은 임금을 받을 것으로 예상된다.

정보 통신 기술자의 고용은 단계적으로 증가할 것으로 전망된다. 인터넷과 전자, 통신의 신기술이 곧 국가 경쟁력으로 인식되는 21세기는 정보 통신 기술자의 수요를 기하 급수적으로 늘려 나갈 것으로 보인다. 정보 통신 서비스, 소프트 웨어 분야의 신기술 접목 속도가 빨라지고 있는 현대의 추세를 그대로 이어받는다면 석·박사급의 연구원과 경력직 연구원의 수요는 점차로 늘어날 전망이다.

정보 통신 기술자가 되는 길

정보 통신 기술자가 되기 위해서는 대개 학사 이상의 학력을 필요로 한다. 전기, 전자, 통신, 정보 통신 분야의 전공자가 유리하다. IMF 이후에는 학사 이상, 석사급 연구원의 모집이 많아지는 추세여서 산하 연구 단체에서 연구원으로 경력을 쌓은 후 취업을 하는 것이 유리하다.

대기업보다는 중소 기업, 벤처 기업에서 수시로 모집하는 채용에 관심을 갖고 취업을 하는 것이 좋고 경력을 쌓은 후에는 대기업의 스카우트 형식의 채용에 응하는 것이 더욱 자신을 경쟁력 있게 만든다.

학교에서 배운 전공과 현장 업무와의 차이를 좁혀 주지 못하여 처음 입사하였을 때는 프로젝트의 보조 업무밖에 할 수 없다는 하소연도 한다. 그러나 그런 보조 경험이 프로젝트에 참여하는 밑거름이 되므로 항상 모든 일에 성실하게 임해야 한다.

배울 수 있는 곳 및 문의처

- 정보 통신부　　　　　　http://www.mic.go.kr 02-750-2000
- 한국 전자 산업 진흥회　　http://www.iin.co.kr 02-565-5803

정보 시스템 감사사

정보 시스템 감사는 기업 활동에 컴퓨터 도입 및 활용과 관련하여 회계 감사를 위시한 내부 통제 차원에서 그 개념과 관련 활동이 시작됐다.

컴퓨터를 이용한 금융, 재정상의 범죄로 인하여 그 인식이 높아졌고 컴퓨터의 광범위한 보급과 이용의 고도화 및 네트워크화에 따라 전산화의 부작용과 역기능이 단순히 개인 조직에 국한된 문제가 아닌 국가 사회적인 요청에서 그 필요성이 강조되고 있다. 또한 정보 산업의 비중이 점차 커짐에 따라 국가 전체적 또는 개개의 기업 조직에 있어서도 정보 시스템 분야의 투자에 대한 효과 재고 차원에서도 새로운 시각이 요청되고 있다.

정보 시스템 감사사는 정보 시스템의 효율적인 운영을 위해서 반드시 필요한 인력으로 정보 시스템 내의 기본 직능에서 해결하지 못하는 위험과 위협을 예방하고 검출하며 교정하는 직무를 수행한다. 정보 시스템의 감사는 정보 시스템의 개발 및 운영상의 효율성과 목적성을 유지하기 위한 통제가 얼마나 적절히 이루어지고 있는가를 평가하는 작업으로 그 목적은 정보 시스템이 가지고 있는 여러 가지 역기능 발생을 방지하거나 최소화하는 데 있다. 때문에 정보 시스템 감사사는 정보 시스템의 안전성, 효과성, 효율성의 관점에서 자료의 수집 및 분석을 통해 정보시스템을 점검, 평가하여 관계자에게 조언, 권고하고 궁극적으로는 이러한 과정을 통하여 인간 중심의 정보 문화 정착에 적극적으로 기여하는 역할을 담당한다.

앞으로의 전망과 보수

국내에서 국가 기관이나 공공 부문에 대한 정보 시스템 감사 제도는 법적으로 감사원, 한국 전산원, 증권 감독원, 은행 감독원, 보험 감독원 등과 같은 기관에서 수행하고 있다. 하지만 민간 부분의 정보 시스템 감사는 공인 회계사 감사 기준이나 감사 절차에서 그 동안 제외되어 왔기 때문에 아직도 관심의 정도가 낮은 수준에 머물고 있는 실정이다. 하지만 현재 체신부를 비롯해 한국 전산원, 한국 정보 시스템 감사인 협회 등 관련 기관을 중심으로 정보화 사회의 역기능을 해소하기 위한 제도적 방안 마련에 고심하면서 정보 시스템 감사사 제도의 도입을 고려하고 있다.

국내의 정보 시스템 업무에 종사하는 총인원은 약 5만 5천 명 정도로 집계되고 있다. 보통 내부 정보 시스템 감사사의 적정 인원은 정보 시스템 종사 인원 16.5명당 1명이다. 이를 근거로 국내에서 필요로 하는 정보 시스템 감사사의 수를 추정해 보면 55,000/ 16.5=3.333명이나 된다. 그러나 국내에는 미국 CISA 자격증 소지자 19명과 미국에 본부를 둔 EDP AA 서울지부 회원이 100여 명 정도 정보 시스템 감사 분야에 대한 연구를 하고 있으며 금융 기관과 외국 기업에서는 자체 내부 정보 시스템 감사 요원을 두어 자체 감사를 시도하고 있는 형편이다.

정보 시스템 감사사가 되는 길

정보 시스템 감사사가 되려면 일단 정보 시스템에 대해 정확하고도 명료하게 이해를 하고 있어야 한다. 때문에 일정 기간 동안은 관련 분야에서 정보 시스템에 대한 경험을 쌓을 필요가 있다. CISA 자격 시험은 매년 6월에 시행되며, EDP AA 지부가 있는 곳에서 응시 희망자가 다섯 명 이상만 되면 그 지역에서 시험이 실시된다. 문제는 일단 영어, 불어, 일어, 스페인어, 히브리어로 제공되는데 수험자가 원하는 언어로 번역될 수 있다. 시험 문항은 선택형 250 문제가 출제되고 시간은 4시간 30분이며 시험 응시료는 우리나라 돈으로 16만원 정도이다.

배울 수 있는 곳 및 문의처

- 한국 공인 회계사 협회   02-3149-0100
- 삼일 회계 법인   02-796-7000

컴퓨터 보안 전문가

매우 교육적이며 자못 모범서 같은 책에서 '해커' 하며 놀라워하는 사람이 있을까 하는 지나친 기우로 인해 해커에 대한 설명을 먼저 하고자 한다.

다 아는 바대로 해커(HACKER)와 크래커(CRACKER)는 다르다. 해커는 컴퓨터 프로그래밍에 열중하는 마니아로 숙련된 컴퓨터 프로그래머이다. 이들은 인터넷과 컴퓨터 운영 체계를 보다 쉽게 만들었으며 컴퓨터 소프트웨어를 여타 분야에 접목시키는 컴퓨터 전문가이다. 그러나 크래커는 글자 그대로 잘게 깨부수는 사람들로 전문가로 인정받기 위해 해악 행위를 서슴지 않는 무책임한 컴퓨터 기술자들이다. 즉 해커가 무언가를 만드는 사람이라면, 크래커는 무언가를 부수는 사람들이다.

앞으로의 전망과 보수

해커의 임금은 아직 알려지지 않고 있다. 다만 동종업계의 최고 수준이 아닐까 하는 추정만 하고 있다. 새로운 운영 체계를 개발했다거나 누구도 깰 수 없는 방화벽을 수년간 유지하였다면 그것이 갖는 가치는 매우 크기 때문이다.

해커와 컴퓨터 보안 전문가를 유망한 분야의 전문가라고 다시 언급할 필요는 없을 것으로 본다. 다만 신기술이 급속히 출몰하는 이 분야에서 살아 남기 위해서는 새로운 기술을 연마하는 노력을 꾸준히 해야 한다고 말하고자 하는 것이다.

E-BIZ 시장이 폭발적으로 늘고 있는 현재의 추세를 감안한다면 이들 전문가의 수요가 가히 폭발적으로 늘지 않을까 예상할 뿐이다.

컴퓨터 보안 전문가가 되는 길

해커 또는 컴퓨터 보안 전문가가 되기 위해서는 컴퓨터를 열심히 공부하는 사람보다는 컴퓨터에 몰입하여 즐기는 사람이 되어야 한다. 왜냐 하면 깨어 있는 시간의 대부분을 컴퓨터와 함께 보내야 하므로 억지로 시간을 보내면 한계에 직면할수 있기 때문이다.

해커 또는 컴퓨터 보안 전문가가 되기 위한 조건은 없다. 다만 전산학을 공부하면 더 쉬울 것이다. 그리고 시스템 관리자나 정보 처리 기사로 근무한 사람의 경우에는 더 유리하다. 최근에는 해킹 방지 기법과 암호 기술에 대한 기본 지식을 갖추고 있어야 갈수록 수가 늘어나는 크래커로부터 정보를 보호할 수 있게 된다.

정보 문의처

- 한국 정보 보호 센터   02-3488-4114
- 정보 통신부   02-750-2000

컴퓨터 게임
시나리오 작가

흔히 사람들은 컴퓨터 게임의 수준을 우스운 정도로 생각하는 경우가 많다. 그러나 컴퓨터 게임들은 국산이건 외국산이건 생각보다 훨씬 더 정교하고 세분화되어 있다. 그만큼 복잡하고 다양한 게임을 할 수 있다는 이야기이고 이러한 점은 컴퓨터 게임 인구를 급속도로 증가시키는 역할을 했다.

현재 국내에서 유통되고 있는 게임 소프트웨어는 대략 3,000여 가지 정도로 추정된다. 그러나 아무리 재미있는 게임이라도 한 두달 정도 지나면 그만 싫증을 느끼게 되고, 그 게임은 새로운 게임에 밀려나게 된다. 즉, 다른 유행 못지않게 단기간 내에 폭발적인 인기를 끌었다가 그 열기가 쉽게 식어 버리는 것이 게임 시장의 특징이다.

소비자들은 보다 새롭고 더 고급스러운 게임을 끊임없이 원한다. 하지만 국내에는 그 요구를 충족시킬 만한 능력이 없다. 전문적인 개발팀도 구성되지 못하고 있는 상태이니 말할 것도 없겠지만 말이다. 이러한 소비자들의 요구를 반영하는 실례로 현재 유통되는 게임 소프트웨어의 90% 정도가 불법 복제물이라는 면에서도 나타난다. 공식적인 경로를 통해 수입된 게임 소프트웨어는 200여 개에 불과하다.

현재 국내에 보급된 PC는 이미 1,000만대에 육박하는 것으로 추정되며 가정용 오락기는 서울 등의 대도시를 중심으로 100만대 이상이 보급된 것으로 추정된다. PC의 삼분의 일 정도가 개인 및 가정에 공급된 것임을 고려할 때 상식적으로 컴퓨터 게임과 접할 수 있는 인구는 300만을 훨씬 상회한다. 그러나 국내에는 이들의 요구를 충족시켜 줄 말한 게임 소프트웨어 생산자가 없다. 개인적인 차원에서 제작된 몇몇 게임이 있지만 이것들은 성격이 강한 것들이다. 이들은 혼자서 시나리오를 쓰고 사운드를 넣으며 애니메이션을 작성한다. 전혀 전문화되어 있지가 않다.

앞으로의 전망

게임 소프트웨어 생산의 발전에 있어서 가장 요구되는 인력은 시나리오 작가이다. 게임 시나리오는 일반 시나리오 작가들에 의해서 쓰여 질 수 있는 성격의 것이 아니다. 컴퓨터에 대한 기본적인 이해와 풍부한 상상력을 바탕으로 오락 프로그램의 줄거리를 잡는 컴퓨터 게임 시나리오 작가는 자신이 컴퓨터 게임에 몰두해 있을 필요가 있다. 이용자들에게 흥미와 도움을 줄 수 있는 게임 소프트웨어의 생산을 위해서는 새로운 아이디어를 만들어 내는 전문가 즉, 컴퓨터 게임 시나리오 작가가 필수적이다. 미국의 경우는 게임 소프트웨어를 전문적으로 생산하는 회사들이 즐비한데 이들이 만들어 내는 새로운 제품의 아이디어의 원천은 주로 전문적인 게임 시나리오 작가들에 의해서 제공된다.

아직까지 우리나라에서는 전문적인 게임 소프트웨어 개발팀이 활성화되어 있다고는 볼 수 없다. 그 이유는 개발에 필요한 초기 투자가 많고, 하나의 게임을 내놓기까지 보통 6개월에서 1년 정도의 시간이 걸리기 때문이다. 하지만 외국의 게임 소프트웨어를 수입하는 일을 하던 회사들이 점차 게임 컴퓨터 개발팀을 구성하여 국산 게임 소프트웨어가 하나 둘씩 출시되고 있다. 그리고 게임 시나리오 작가에 대한 필요성은 점점 높아지고 있다.

컴퓨터 게임 시나리오 작가가 되는 길

게임 시나리오 작가가 되기 위해서는 일단 많은 종류의 컴퓨터 게임에 대해 충분한 지식을 가지고 있을 필요가 있다. 자신이 컴퓨터게임에 몰두하여 그 매력과 단점에 대해 잘 알고 있지 못한다면 훌륭한 소프트웨어를 기획해 낼 수 없기 때문이다. 그리고 앞에서도 언급한 풍부한 상상력이 필요하다. 게임의 주된 이용자는 아동과 청소년이 압도적이다. 이들의 정서와 잘 맞으면서 재미와 교육적 효과를 동시에 줄 수 있는 게임은 그 폭력성과 외설성으로 문제시 되고 있는 컴퓨터 게임의 부정적인 면을 제거하는데 큰 역할을 할 것이다.

아직까지는 게임 시나리오의 작성만으로 자신의 직업으로 삼을 만한 정도의 산업적 기반이 부족하므로 이와 연관된 컴퓨터 관련 직종에 종사하면서 차근차근 준비를 할 필요는 있다. 우수한 게임 시나리오 작가의 역할은 불법 복제의 방지라는 올바른 컴퓨터 문화의 정착과 청소년들의 정서 발달에 도움이 된다는 문화적인 의의 말고도 우리의 제품이 세계 시장에서 경쟁할 수 있다는 것을 의미한다. 관심 있는 분들의 도전을 바란다.

배울 수 있는 곳 및 문의처

- 정보 통신 교육원   02-508-7264
- 서강대 언론 학원   02-705-8182
- 소프트웨어 산업협회   02-586-3411

CAD/CAM

컴퓨터를 이용하여 공장 설비 기계 장치, 생산 시스템의 기획/설계 및 도면 작성을 하는 것이 CAD/CAM 전문가의 주된 업무이다. CAD(Computer Aided Design)는 컴퓨터를 이용하여 설계를 도면 화하는 것이다.

기본적으로 전산 응용 설계에 필요한 기초 설계의 작업을 거쳐 견적과 관련된 기초 설계 작업을 하는 CAD는 기존의 설계대 위에서 수행하던 업무를 컴퓨터 화면에서 쉽게 처리할 수 있도록 만들어진 프로그램을 이용하여 작업한다.

가장 많이 알려진 CAD의 업무는 건축 설계지만 최근에는 제품 설계, 기계 설계, 금형 설계, 지도 작성 등에도 이용된다. 캐드는 업무를 단기간에 확실하게 만드는데 주요하게 적용될 뿐만 아니라 수정과 보완에도 매우 탁월하여 최근에는 이를 사용하는 것이 업무의 기본이 될 정도가 되었다.

CAM(Computer Aided Manufacturing)은 생산 공정에서 오차를 최대한 줄여 제품을 완성시킬 수 있도록 컴퓨터를 조작하는 일을 담당한다. 따라서 컴퓨터를 모든 생산 공정에서 사용하는 현대의 제조업과 생산 산업은 생산성을 향상시키고 손실을 줄이기 위해서 캠 기술을 적극 활용하고 있다.

캠 기술도 기계 설비, 자동차, 항공, 선박, 금형, 건축, 전기, 전자, 인테리어, 섬유, 산업 디자인 등 모든 분야에서 응용되고 있다. 업체에서는 이미 캠이 중요하게 활용되고 있다.

따라서 CAD/CAM 기술은 대부분 함께 배워 두는 것이 일을 효과적으로 수행하는 데 도움이 된다.

앞으로의 전망과 보수

보통 8시간 정도 근무를 하는 경우 초임은 많지 않다. 그러나 2년 정도 근무를 하면 월 150만 원 이상의 안정적인 임금을 받을 수 있다. 특히 여성의 경우에는 재택 근무도 활발하게 추진되어 결혼 이후에도 적정 급여를 받고 일할 수 있다.

모든 분야에서 일을 한다고 해도 과언이 아닌 CAD/CAM 기술자는 단순한 업무에서부터 디자인 기획, 결과물 도출, 데이터 베이스 구축 등 업무의 활용 범위가 점차 늘어가고 있다. 이에 참여하는 지망생도 많아 웬만큼 실력을 갖추지 않고는 업무 능력을 평가받기 어렵다.

그러나 겁먹을 필요가 없는 것이 CAD/CAM 기술자 수요의 지속적 증가가 이루어질 것으로 보이기 때문이다. 또 기업체에서도 이들에 대한 주요성이 점차 부각되고 있고 이에 대한 지원도 늘고 있다. 다만 실력을 갖춘 사람들의 지원과 열정을 갖춘 기술자들의 참여를 바라는 것이 최근의 실정이다.

기업체의 제품 설계, 기계 설계, 금형 설계, 전기 전자 설계, 건축 토목 설계 분야에서는 끊임없이 이들의 활약이 이루어질 것이다.

CAD/CAM 기술자가 되는 길

CAD/CAM 기술을 익히기 위한 특별한 조건은 없다. 20세 이상 고졸 학력 정도면 가능하다. 도면 이해 능력을 바탕으로 취득해야 하는 자격증이므로 전산 응용 능력을 갖추면 더 유리하다.

기계 분야나 공학 분야에서 사용되는 CAD/CAM의 경우는 공학의 제작 및 전산 이해 능력을 두루 겸비해야 하므로 2년제 대학 이상의 학력이 요구되기도 한다. 그러나 간단한 설계와 기초 제도 등의 분야는 고교 졸업 후에도 업무에 투입될 수 있다.

그러나 단순한 반복 작업이 아니라 전문 작업을 하고 싶을 때는 고졸 이상의 학력을 갖추는 것이 유리하다.

CAD/CAM 기술자가 점차로 늘어가고 있는 추세에서 경쟁력을 갖추기 위해서는 업무를 수행하면서도 새로운 기술을 배울 수 있도록 늘 자신을 재충전해야 함을 잊지 말아야 한다.

현재 전산 응용 설계 산업 기사, 기계 제도 기능사 등 CAD/CAM의 관련 자격증은 이미 제도권 내의 자격증으로 자리를 잡았다.

이에 발맞춰 이들 자격증을 위한 사설 교육 기관과 공공 교육기관도 많이 개설되어 있다.

배울 수 있는 곳 및 문의처

- 한국 기독교 컴퓨터 센터　　02-3676-1883
- 한국 산업 인력 관리공단　　02-3271-9190
- (사)경영 정보 연구원　　02-585-8600

컴퓨터 그래픽 디자이너

컴퓨터 그래픽 디자이너는 인쇄 매체를 통해 전달되는 모든 광고 기획, 편집 등의 디자인으로 매킨토시를 이용하여 인쇄물을 시각적으로 기획하는 직업이다.

광고에서는 잡지 광고, 카탈로그, 포스터 등을 담당하고 출판에서는 편집을 주로 다루게 된다. 영상, 의류, 설계, 애니메이션 등 활동 분야도 다양하지만 광고와 출판에서 가장 많이 사용된다. 최근에는 게임 디자인과 웹 디자인 등으로 활동의 폭을 넓혀가고 있다.

광고에서 활동하는 컴퓨터 그래픽 디자이너는 전문 잡지 광고, 팜플렛, 팬시류, 포스터, 기업 이미지 광고를 만드는 일에 참여한다. 특히 매킨토시를 사용하여 광고 기획 시안을 디자인하고 편집하기도 한다.

앞으로의 전망과 보수

고졸 초임의 경우는 100만 원 정도를 받는다. 대학을 졸업한다 해도 컴퓨터 그래픽 디자이너 초임은 그리 많지 않다. 워낙 전직이 많고, 기술을 도제식으로 배워야 하기 때문에 2년 정도의 경력을 쌓기 전에는 높은 임금을 기대하기 어렵다. 그러나 2~5년 정도의 경력이 쌓이면 월 200만 원 정도의 높은 임금을 받을 수 있게 된다.

컴퓨터 그래픽 디자인은 컴퓨터 활용능력과 미적인 감각이 공유되어야 하는 매우 높은 기능이 요구되는 일이다. 단순히 창의력이나 아이디어만 가지고 일을 할 수는 없기 때문에 현대의 다차원 감각에서는 더욱 중요성이 요구된다.

컴퓨터 그래픽 디자이너가 되는 길

컴퓨터 그래픽 디자이너가 되기 위해서는 컴퓨터를 자유롭게 사용할 수 있는 컴퓨터 활용 능력과 디자인에 대한 창의적인 감각이 필요하다. 그래야 아이디어와 기획력이 뛰어난 디자이너가 요구되는 현실에서 환영 받을 수 있다.

고졸 이상의 학력이면 특별한 제약 사항은 없다. 그러나 기초적인 데생, 색채학, 레터링, 편집, 광고, 일러스트 기술과 포토

샵, 페인터 등의 컴퓨터 프로그램 활용 능력이 합쳐져야 한다.

최근에는 컴퓨터 그래픽스 운용 자격증, 실내 건출 산업 기사, 실내 건축 디자인 기능사 등 관련 분야의 자격증이 요구되기도 한다.

정보 문의처

- 한국 컴퓨터 아트 협회   02-332-3732
- 우석 디자인 학원   02-338-5942~3
- 예일 디자인 아카데미   02-764-7100
- 다신 컴퓨터 그래픽 학원   02-2632-3823

컴퓨터 의상디자이너

간편함과 대량 생산을 숭배하는 현대인들은 어느 때부터인가 맞춤복보다는 기성복을 선호하는 경향을 나타내고 있다. 똑같은 크기의 옷을 대량으로 생산해야 하는 기성복 업체들이 패션 작업의 완전 자동화를 꿈꾸게 된 것도 무리는 아니다.

패션계에서 쓰이는 CAD는 디자인 CAD와 텍스타일 CAD로 나뉜다. 디자인 CAD는 지금까지 종이 위에 연필과 지우개를 이용해 옷본을 뜨던 작업을 마우스라는 입력 장치로 대신해서 설계하는 것이다.

앞으로의 전망

텍스타일 CAD는 섬유의 질에서부터 직물 무늬 디자인, 직물조직 설계 등에 이용한다. 현재 국내에는 디자인 전용 CAD만을 전문으로 판매하는 회사가 20여개 사에 달하고 있는데 2008년 말까지 판매된 CAD 장비는 2,000여 대에 육박하고 있다. 세간에서 섬유 산업이 사양 산업이라고 말하는 것과 상반되는 좋은 대조를 이루고 있다. 성도 어패럴을 예로 들어 설명하면 우리나라 기성복 업체 가운데 매출액이 10위 안에 드는 업체로 2000년대 초부터 CAD를 도입해 디자인에 이용했다. 옷을 한 벌 만들기 위해서는 먼저 어떤 형태의 옷을 만들 것인가를 결정해야 한다. 대강의 형태를 스케치한 그림을 스타일화라고 하는데 일단 이것부터 완성한다. 스타일화가 완성되면 디자이너는 그려진 모양에 따라 맞는 패턴을 제작하고 색상을 결정해 직접 칠해 보면서 자신의 머릿속으로 상상한 색깔과 실제 색깔을 비교하는 작업을 거친다. 여기서 CAD를 이용하면 즉석에서 색깔도 칠해 주고 패턴도 그려 넣을 수 있어 물감을 이용해 색깔을 넣은 작업보다 훨씬 깨끗하고 빠르게 완성된 형태를 볼 수 있다. 수십만 가지 색깔이 표현되고 명도와 채도도 마음대로 변환시킬 수가 있어 선택할 수 있는 색깔의 범위는 무한대라 해도 좋다. 디자인의 색상, 원단의 소재 선택이 끝나고 기본 패턴에 대한 제작이 끝나면 패턴은 다시 디지타이저에 의해 컴퓨터에 입력된다. 그리고 견본을 제작한 후 그레이딩 작업에 들어간다. 그레이딩작업이란 치수별로 패턴을 만드는 것으로 CAD를 이용할 경우 사이즈에 따른 편차만 입력하면 즉석에서 각각의 기본 패턴이 만들어진다.

컴퓨터 의상 디자이너가 되는 길

이 직업을 택하려는 사람은 의상이나 디자인 관련 전문대학이나 대학을 나오거나 의상 디자인 학원이나 컴퓨터 CAD학원을 거쳐 컴퓨터 그래픽에 대한 소양을 높여야 한다. 가장 중요한 것은 컴퓨터 조작이 아니라 의상에 대한 수준 높은 안목이 이 직업의 성공 여부를 좌우하는 시금석이 된다.

배울 수 있는 곳 및 문의처

• 한국 컴퓨터 협회   02-332-3732
• 우석 디자인 학원   02-338-5942

포토 스타일러

사진은 인간이 발명한 미디어 중에서 가장 실물에 가까운 표현 매체임에 틀림이 없다. 그림이나 스케치에만 의존해 오던 형상화는 제작자의 느낌이나 의도에 과도한 영향을 받아 그 본질을 흐려 버리기 십상이었다.

하지만 사진은 카메라에 의해 거의 실체에 가까운 상을 현대인들에게 보여 주고 있다. 그러나 사람들은 너무 리얼한 사진을 그리 좋아하는 것 같지는 않다. 광고와 영화, TV 할 것 없이 모든 사진은 현상, 인화, 인쇄 과정에서 상당한 트릭을 써서 그 사진의 메시지를 강화, 혹은 약화시킨다. 이제 현대 사진 편집기술은 하나의 그림에 다른 그림을 복합 노출시키거나 부분 접합, 부분변형, 명암의 변형, 색상 변화, 엠보싱 효과, SMOOTHING 효과, 질감 변형 등을 자유자재로 실행한다. 그런데 그 동안은 필름을 가지고 하는 「장난」의 수준이었는데 반해 지금은 필름 이미지를 디지털화시켜 컴퓨터 안으로 읽어 들여 컴퓨터 그래픽을 활용해 무궁무진하게 「조작」해 내는 시대에서 우리는 살고 있는 것이다. 사진의 사실성보다는 상업적인 목적으로 변형이 필요한 사진의 경우는 포토 스타일링 (PHOTOSTILING) 작업을 통해 부분 부분의 이미지 변환과 인물과 배경을 따로 찍어서 겹치는 것과 같은 변형을 자유자재로 하는 것이 현실이다.

포토 스타일러가 되는 길

그러나 우리나라에는 아직 본격적인 컴퓨터 포토 스타일러가 극히 희귀한 실정이다. 이 분야에서 자기 자신의 포부를 펼쳐 볼 사람은 사진 분야에 상당한 지식을 갖추고 컴퓨터 CAD와 이미지 프로세싱 분야에서 많은 경험을 쌓아야 한다. 영상 이미지프로세싱과 다른 점이 있다고 한다면 영상은 움직이는 그림들에 대한 이미지 변환을 기도하고 포토 스타일링은 정지 사진에 대한 이미지 변형을 목표로 한다는 것뿐이다. 이 직종을 선택하려는 사람은 사진 관련 전문 대학이나 대학을 경유하여 CAD와 사진 학원에서 경험을 쌓은 후 광고 사진 프로덕션에 취직하면 된다.

배울 수 있는 곳 및 문의처

- 경영 정보 연구원   02-585-8600
- 한국 기독교 컴퓨터 학원   02-3676-1883

영상 편집가

영상 편집가는 필름 조각과 비디오 테이프 등을 끊김이 없는 하나의 영상으로 다시 편집해 낸다. 이들은 완벽한 작품을 위해서 효과적인 음악과 그래픽 등을 첨가하기도 한다.

헐리우드에서는 좋은 편집가가 어느 정도 안정된 작품의 질을 보장한다는 것을 알고 있기 때문에 시나리오나 배우들이 캐스팅되기 전에 먼저 편집가부터 섭외하기도 한다. 감독은 좋은 배우들과 일하는 것과 마찬가지로 좋은 편집자와 같이 일하는 것을 선호한다.

편집자들은 그들만의 독특한 스타일로 영화를 편집한다. 편집자는 감독들과 함께 완벽한 작품을 만들기 위해서 함께 오랜 시간을 일한다. 영상 편집가는 사운드 편집자와 음악 편집자와 함께 일한다. 두 부분은 모두 영화에 지대한 영향을 미치기 때문이다. 이 직업에서 성공하기 위해서는 사람들과 원만한 관계를 형성하는 것이 중요하다. 장시간의 일과 상당히 고독한 시간을 열린 마음으로 받아들일 수 있어야 이 직업을 택할 수 있다. 편집자는 처음에 보통 기술 보조 등의 자리에서 감독이 일하는 것을 보면서 감독의 의도가 어떻게 편집되는지를 배운다. 어떤 사람은 유명한 편집가 밑에서 일하게 된다. 보조의 자리에서 독립적인 편집가가 되는 것은 매우 어려운 일이다. 이러한 과정을 8년 이상 거쳐야 겨우 독립할 수 있다.

앞으로의 전망과 보수

1980년대까지만 해도 거의 모든 필름은 한 사람의 편집자에 의해서 편집되었다. 그리고 그것은 감독과 마찬가지로 영화에 큰 영향을 미쳤다. 지금은 그래픽과 컴퓨터 애니메이션 등 각 분야에서 편집가들이 공동으로 편집을 하게 된다. 보통 한 필름에 9명의 편집가가 같이 일하게 된다. 뛰어난 능력을 보이게 되면 보수는 또한 상당히 많아진다. 디지털 편집 기술과 같은 새로운 기술의 등장으로 편집 분야의 일은 끝이 보이지 않는 유망 직종이다.

영상 편집가가 되는 길

영상 편집가는 많은 경험을 필요로 한다. 기본적인 과정은 영상학과 기초 편집, 상업 편집 등의 과정을 포함하고 있다. 그러므로 처음에 편집자가 되려는 사람은 감독이 되는 과정을 거치는 것이 좋다. 영화를 만드는 과정에 대해서 완벽히 아는 것이 좋은 편집자가 될 수 있는 길이다. 편집 기계는 상당히 고가이기 때문에 학교나 영화사의 편집 기계를 이용해야만 한다. 학교를 졸업하면 프로덕션이나 유명 편집가의 밑에서 적은 보수를 받으며 수습 기간을 거쳐야 한다. 빨리 독립하기를 원하는 사람들은 이것을 명심해야 한다. 적어도 4~10년간의 수습 기간을 거치면서 많은 사람들과의 관계를 익혀 나가는 것이 바로 뛰어드는 것보다 훨씬 중요한 일이다.

배울 수 있는 곳 및 문의처

- MBC 제작국
- KBS 제작국
- SBS 제작국

컴퓨터 음악가

이제 악기를 직접 연주하는 음악가의 초상은 사라져 가게 될 것이다. 마치 사람의 손으로 연주하는 듯한 음악을 들려 주는 컴퓨터 음악가는 광고, 영화, TV를 비롯한 영상 매체와 대중 음악을 중심으로 한 매체들에서 선풍적인 인기를 끌고 있다.

지금 인기를 끌고 있는 가수 소녀시대, 원더걸스, 동방신기, 빅뱅, 2pm, 2am 등을 비롯한 가수들의 음악은 엄밀히 말해서 기계음으로 메꾸어지고 있다.

특히 음반이나 카세트 테이프, CD를 만들 때 사용하는 음향이나 반주는 대부분 컴퓨터 음악으로 구성되고 있어 앞으로의 전망은 아주 밝다.

다만 현재까지는 외국의 컴퓨터 음악 소프트 웨어를 그대로 도입해서 사용하기 때문에 기술 습득이 어렵고 컴퓨터 음악의 활용도도 그다지 많지는 않지만 국산화와 컴퓨터 음악 기술의 일반화는 필연적으로 이 직업의 유망성을 높여 주고 있다.

앞으로의 전망과 보수

컴퓨터 키보드와 마우스를 이용해 컴퓨터 모니터에 그려진 모니터 오선지에 음표와 쉼표를 그려 주면 컴퓨터는 작곡자의 의사를 100%로 반영하고 음을 자유자재로 왜곡시키거나 다듬을 수도 있다. 예를 들어 피아노 소리나 바이올린 소리를 간단한 조작으로 교향악단의 합주 음향으로 바꿀 수 있다는 말이다. 또한 연주자의 실수와 같은 인간의 실수를 컴퓨터 음악은 절대로 허용하지 않는 정확성을 가지고 있기도 하다.

컴퓨터 음악가가 되는 길

컴퓨터 음악가가 되려면 무엇보다도 음악에 대한 지식이 있어야 한다. 그 다음에는 컴퓨터 작동에 대한 기술을 익혀야 할 것이다.

아직까지 우리나라에는 컴퓨터 음악을 가르쳐 주는 기관은 없다. 자기 스스로 터득하고 배워야 할 것이다.

배울 수 있는 곳 및 문의처

• 한국 정보 산업 연합회   02-780-0201

컴퓨터 프로그래머

컴퓨터를 이용하여 자료 처리를 할 수 있도록 컴퓨터가 인식할 수 있는 컴퓨터 명령어를 논리적인 순서에 맞게 모아 놓는 것을 프로그램이라 하고 이 프로그램을 개발하는 작업을 프로그래밍, 프로그래밍 작업을 수행하는 사람을 프로그래머라 한다.

프로그래머는 시스템 프로그래머와 응용 프로그래머로 나눈다. 시스템 프로그래머는 컴퓨터 시스템의 자체 기능 수행 명령체계인 시스템 소프트웨어를 설계하고 프로그램을 작성하는 일을 한다.

응용 프로그래머는 기업이나 개인 등이 사용할 수 있는 워드프로세서, 회계 관리 데이터 베이스, 통계 처리, 게임 등 각종 소프트 웨어를 개발한다. 컴퓨터 시스템의 사용에 따라 소프트웨어의 환경을 변경하는데 프로그래머가 개발하는 전문 분야에 따라 재무 관리 시스템 프로그래머, 통계 처리 시스템 프로그래머, 게임 프로그래머, 자료 관리 시스템 프로그래머 등으로 나눈다.

앞으로의 전망과 보수

컴퓨터 프로그래머는 견습 프로그래머로 시작해, 보조 프로그래머, 수석 프로그래머로 승진한다. 수석 프로그래머는 보통 일반 회사의 차장 또는 과장의 직급에 해당된다. 프로그래머로서 프로그램 개발에 경력이 쌓이면 시스템 엔지니어가 될 수 있다.

컴퓨터 프로그래머가 받는 정확한 임금의 통계 자료는 없으나 일반 사원의 경우 연봉이 2500만 원, 대리급의 경우 3000만 원이 주를 이루고 있어서 일반 사원보다 월등히 높다.

컴퓨터 프로그래머가 되는 길

전산 · 공학 관련 학과를 졸업한 다음 회사에 입사한다.

관련된 자격증으로는 정보 처리 기사, 전자 계산 조직 응용 기사, 정보 기술 기사 등이 있다. 이 시험에는 프로그래밍 언어, 소프트 웨어 공학, 데이터 통신, 자료 구조, 전자 계산기 구조, 시스템 분석 설계 등의 필기 시험과 실무 시험이 있다.

배울 수 있는 곳 및 문의처

- 한국 정보 산업 연합회   02-780-0201
- 한국 시스템 산업 연합회   02-586-3411

모니터요원(일반)

모니터요원은 방송프로그램, 제품, 홈페이지, 단체 등 모니터할 대상에 대하여 시청자나 소비자의 반응, 상품성, 서비스 수준 등을 살피고 문제점이나 제안사항을 파악해서 소견서를 작성하여 클라이언트에 제공하는 일로 모니터할 대상에 대하여 설명을 듣거나 기초자료를 수집한다. 화면이나 라디오로 방송프로그램의 문제점 등을 모니터링한다. 출시 전의 제품을 직접 사용하거나 웹사이트 등을 직접 이용한 후 상품성을 평가하거나 문제점, 제안점 등을 제시한다. 매장을 직접 방문하여 진열된 제품에 대해 소비자의 반응, 진열상태, 서비스 수준 등을 파악한다. 모니터링한 제품에 대해 동향, 문제점, 개선점 등을 포함한 소견서를 작성한다. 제품의 반응이나 문제점 등을 파악하기 위해 설문조사나 시장조사를 하기도 하는데 이는 클라이언트의 사업구상과 비전에 지표를 마련하는 데이타가 된다.

문화관광해설사

관광객들에게 관광와 역사의 장소에 대한 전문적인 해설을 통해 관광객들에게 더 많은 정보를 제공하는 직업으로 방문 목적이나 관심 분야, 연령층 등에 따른 다양한 관광객들에게 각 지역의 문화유적을 안내한다. 문화유적에 대한 관광객의 이해를 돕기 위해 가벼운 이야기 위주의 해설로부터 역사, 문화, 자연에 대한 전문적인 해설을 한다. 관광객들의 바람직한 관람예절과 건전한 관광문화를 유도한다. 문화재를 비롯한 관광자원 및 주변 환경 보호를 위한 활동을 한다. 영어, 일어, 중국어 등을 통해 외국인 관광객의 우리 문화에 대한 정확한 이해를 돕기도 한다. 각종 언어를 습득한 사람일수록 유리한 직업으로 관광통역안내사 자격이 요구된다.

비애 치료사

가족의 죽음 등 예기치 못한 사고를 당했을 때 그 슬픔을 딛고 다시 건강하게 새로운 삶을 영위할 수 있도록 도와주는 일을 하는 사람입니다.

현재까지는 이런 역할을 가족, 친구, 동료 등등이 담당했었다면 미래에는 이런 역할이 직업으로서 대체된다는 이야기죠. 충분히 전도유망한 직종 중 하나이다.

번역물품질관리사무원

영상, 게임, 웹툰 등의 번역물 수주부터 용역체결, 번역자 섭외 및 번역물 납기관리까지 번역물이 만들어지는 전 과정을 관리하는 직종으로 번역의뢰자와 납기기간, 용역, 금액, 요구조건 등을 협의하고 계약을 체결한다. 데이터베이스를 통해 번역할 번역가를 파악하고 섭외한다. 번역가와 납기기간, 의뢰자 요청사항 등에 대해서 협의한다. 번역의 완성도 및 일정을 관리한다. 번역결과를 감수자에게 의뢰한다. 번역결과를 의뢰자에게 제공하고 문제점이 있을 시 번역가에게 수정토록 요청한다. 번역에 대한 불만 등을 처리한다. 필요시 번역 또는 감수를 하기도 한다. 관련직종으로 게임품질보증원(게임QA원), 웹툰품질보증원(웹툰QA원) 등이 있다.